ごあいさつ
🌿 宮城県知事　村井 嘉浩

　子どもは宮城の希望であり、未来を創る大切な存在です。

　宮城県では、子どもの成長や子育てを社会全体で支えていくため、子育て支援を進める県民運動に取り組んでいます。この運動は、宮城県内に子育て支援の輪を広げていくことで、子どもを産みたい、育てたいと思える「子育てに優しい宮城県」を目指すものです。

　子育てが大変なとき、不安になったときには、一人で抱え込まず、身近な人や地域の子育て支援の窓口に相談してみてください。

　県といたしましては、皆様に「子育てにやさしい宮城県」を実感していただけるよう、引き続き子育て支援施策の充実に取り組んでまいります。

　自然豊かなこの宮城の地で、子育て支援の輪がさらに大きく広がり、子どもたちが多くの方々の愛情に包まれながら健やかに成長していけるよう、皆様の御支援と御協力をお願い申し上げます。

宮城県は子育て世代を応援しています

育なび みやぎ 2024

contents

※本誌掲載の記事やデータは2023年12月1日現在のものです。料金や提供サービスなどは予告なく変更になる場合があります
※料金は原則税込み(本体+税)
※施設の開設状況や事業の内容が変更になる場合があります。利用の際は各施設や各市町村の子育て関連部署にお問い合わせください。施設を利用する場合には、手洗いやアルコール消毒、せきエチケットなどを心掛けましょう

宮城で楽しい食育体験

食べるの大好き！

食は健康的に生きる力を育む大切なもの。一方で、近年は偏食やアレルギーの悩みを抱えていたり、魚の切り身が海を泳いでいると勘違いしたりしている子どもも少なくありません。親子で楽しみながら食への興味を高められる見学や体験をご紹介。

おいしいね

いっぱいたべるよ

コンテンツ

アイコンについて

P …無料駐車場あり（ない場合グレー）

…おむつ替えスペースあり
（専用スペースを備えている場合の他、スタッフに申し出るとスペースを用意してくれる場合を含む。ない場合グレー）

…授乳スペースあり
（専用スペースを備えている場合の他、スタッフに申し出るとスペースを用意してくれる場合を含む。ない場合グレー）

…こども用トイレあり（ない場合グレー）

…ベビーカーや車椅子での入場可
（不可の場合グレー）

…鍵付きロッカーあり
（無料は小銭返却の場合を含む。ない場合グレー）

…飲食物の持ち込み可（禁止の場合グレー）

…無料Wi-Fiあり（ない場合グレー）

アレルギー対策は？ 好き嫌いの克服は？ 子どもの食

Q 食べ物でアレルギーを発症する子どもが増えているように感じます。

A ## 食の記録を続ける

　何らかの原因で体調を崩すお子さんが増えています。その原因の一つが、食べ物の場合もあります。何かを食べてかゆがるなど体調の変化に気が付いたら、母子手帳やお薬手帳に書いておきましょう。食品を購入する際は、使用している添加物を確認して選びましょう。地産地消につがなる地元産の食品もいいですね。

Q 子どもが離乳食の野菜を食べてくれません。

A ## 様子を見ながらゆっくりと

　お子さんが嫌がるようなら、用意した離乳食を味見してみてください。味わいはいかがですか？ 特に違和感がなければ味に問題はないのですから、次回は与え方を工夫してみましょう。例えば、おかゆにすりつぶした野菜を少量混ぜて様子を見ましょう。食べてくれないと不安になりますが、苦手意識を持たせないように、ゆっくりと進めましょう。

Q 未就学児に初めて食を体験させる際に気を付けることは？

A ## 「いただきます」の意味を導く

　日本には「いただきます」という感謝の言葉があります。口にする全ての野菜、果物、肉、魚…多くの命をいただいています。生産者の方、調理してくれた方、多くの方にお世話になってご飯が目の前に届きます。乳幼児にもできる食育のスタートは感謝の学び。「いただきます」が形式的な言葉にならないように、意味を伝えましょう。

Q 子どもの好き嫌いをなくすには？

A ## 家族で会話も楽しみ食事

　共働きや家族が少ないなど、いろいろなご家庭がありますが、食事の時はできるだけお子さんのそばに家族がいるようにしてください。「孤食」の言葉を聞いたことがありますか？ 独りぼっちでは、ごちそうもおいしさが半減します。家族と会話をしながらの食事は、体と心を育てます。苦手と思っていた食品も家族が食べている姿が良い影響を与え、いつの間にか子どもが食べてくれることもあります。

Q & A

子どもがおいしく飲食することは、健康的な成長につながります。とは言っても、アレルギーを起こしたり、好き嫌いがあったりと、食の悩みは尽きません。家庭での食への向き合い方を、みやぎ食育コーディネーターで栄養士の赤石薫子さんにアドバイスしてもらいました。

Q 保育所や小学校の給食が苦手な子どもに、どのように対応したらいい?

宮城県の子どもは全国でも肥満傾向にあります。各家庭で健康的な食習慣や食事を心掛けるようにしましょう。

A ## 強要はせず、支え、成長を待つ

給食が苦手な背景はいろいろあります。香り、味、食感に加え、以前食べた食品で体調が悪くなった、残念な思い出がよみがえるなど、理由は人それぞれ。今は苦手でも、隣の席の友だちがおいしそうに食べている姿を見たり、頑張って食べた時に家族から褒めてもらえたり、何かをきっかけに好きになることがあります。その食品を「苦手」と言葉に出さないで見守ってください。

みやぎ食育コーディネーター
赤石薫子さん

栄養士。栗原市の「一桝新生薬局」に勤務し、栄養や食の相談に応じている。子育てを含む食の悩み相談に関するメルマガ「栄養ナビ★絆★」を配信。受信希望者はEメール05241@anytown.jpに空メールを送信。栗原栄養士会会員。幼児や小学生、子育て世代向けに、食育に関する講義の講師を務める。

Q 子どもの食への興味を高める方法は?

A ## 食の循環を教える

生産、収穫、加工の流れなど、食の循環を親子で学んでみてはいかがでしょう。どのシーンも作り手の汗と努力、知恵と工夫に輝いています。多くの支えがあって、人は生きています。お子さんと家庭菜園に挑戦するのもいいですね。命を育てる難しさに気付けます。その経験から食べ物を大切にすることを学び、適量を食べることも身に付くでしょう。

食の常識は時代で変化

子育てに関わる常識は日々変化します。時代の進歩が新たな常識をつくります。「今の常識」は5年後、10年後は「かつての常識」になります。最新の情報を入手し、食へのアンテナを高く張ってください。孫の面倒を見る祖父母など「子育て応援団」を含め、家族で情報を共有しましょう。

東日本大震災の際、経口補水液はそれほど知られていませんでしたが、今は子どもが体調を崩した時も利用されています。時代の流れで常識が変わるのは良いことでもあります。

⚠️乳幼児が注意する食べ物

蜂蜜
➡ **1歳未満は禁止**
不活発や哺乳力低下などの乳児ボツリヌス症にかかる場合がある

銀杏
➡ **小児は控える**
けいれんを発症することが多い

生卵
➡ **生食は3歳以上**
生卵はアレルギーを起こしやすい

乳幼児は摂取しない方がいいと言われている、主な食べ物です。上記に加え、加熱不十分の肉、生の魚介類、溶かした後、2時間以上放置した粉ミルクも注意が必要です。外出先で生まれて初めての食材を口にするのは控えましょう。

カツオやメカジキを水揚げ
水産業を学べる施設併設

気仙沼市魚市場

魚市場 や 水族館 へゴー
海の魚介を見る、学ぶ

太平洋に面した宮城県は海の幸が豊富。普段食べている魚はどこで育っているの？どのような姿をしているの？　魚市場や水族館で海の生き物を学びましょう。

【 気仙沼市魚市場 】

市場見学　対象年齢 0歳以上

　近海漁業と遠洋漁業の母港になっている気仙沼漁港にあり、カツオやサンマ、メカジキ、サメをはじめ、季節ごとにさまざまな魚介類が水揚げされる。水揚げがある日の早朝は、市場2階の見学デッキからずらりと並ぶ魚介類を眺めたり、入札の様子を見学できたりする。3階の水産情報等発信施設には子どもも大人も、気仙沼の水産業を楽しく学べる展示がいっぱい。水揚げ風景を漁業者の目線で、迫力ある映像で公開する「海と生きるシアター」、メカジキの陳列の様子を体感できる「メカジキパノラマ」、カツオの一本釣りを体験できる「カツオ一本釣り」、水産加工の過程を説明したパネルなど充実している。

data
気仙沼市魚市場前8-25
問／気仙沼市観光協会TEL0226-22-4560
営／6:30〜17:00（水産情報等発信施設も同じ）
休／臨時休あり

─体験data─
所要時間／30〜60分
入場料／無料
※案内を希望の場合は3日前までに電話で予約
※一般への魚介類の販売は行っていない

1～3階からガラス越しに見学できる

間近で見ると
迫力満点

水産情報等発信施設はこんなところ

魚市場3階にある水産情報等発信施設の入り口。目の前に駐車できる

東日本大震災の津波被害を受けたため、復旧工事をして増設し、2019年に現在の姿になった

カツオ一本釣りの仕組みを体感できる

遠洋マグロ漁船に設けられている操舵（そうだ）室、チャート台、船頭室を実物大で再現

船の先端に立ってメカジキ突きん棒漁をしているように撮影できるコーナー

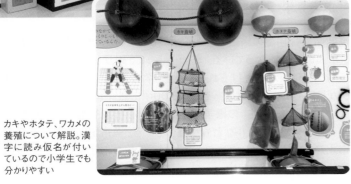

カキやホタテ、ワカメの養殖について解説。漢字に読み仮名が付いているので小学生でも分かりやすい

水揚げ後、魚市場に陳列されているメカジキを再現

鮮魚店やすし店体験で楽しく学ぼう

1 模擬すし店「Virtual Sushi」 2 漁法や塩竈市特産のマグロなどを解説
3 鮮魚店をイメージしたコーナー

塩竈市魚市場
おさかなミュージアム

おさかなミュージアムSeri-miru（セリミル） | 対象年齢 0歳以上

　おさかなミュージアムSeri-miruは市場の南棟2階にあり、早朝はガラス越しに1階で行われているセリの様子を見学できる。国内有数の水揚げ高を誇るマグロがずらりと並ぶ様は圧巻だ。セリがない時間でも、魚介類について楽しく学べる。鮮魚店をイメージしたコーナーには塩釜港に水揚げされる魚介類の原寸大模型が並び、実際に触って大きさを確認できる。模擬すし店「Virtual Sushi（バーチャルすし）」ではタッチパネルを操作して、すし店のスタッフや客の気分を楽しめる。等身大のマグロのぬいぐるみなどもあり、記念撮影にお薦め。

data
塩竈市新浜町1-13-1　TEL022-364-6151
営／7:00～17:00（おさかなミュージアムSeri-miru、展望スペース、展望デッキ見学可能時間）
休／水曜、年末年始

見学data
所要時間／30分程度
料金／入場無料。駐車料金は最初の1時間が無料、以降1時間ごとに100円、3時間を超える場合は300円
※バス利用などの団体でおさかなミュージアムSeri-miruを見学する場合は事前に連絡
※一般への魚介類の販売は行っていない

最初の1時間　　　車椅子のみレンタルあり

ピチピチの魚介がずらり早起きして見よう

1 季節によって、さまざまな魚介が並ぶ
2 旧魚市場は東日本大震災で全壊したため、現在の魚市場は新たに建設し2015年に利用を始めた
3 石巻市水産総合振興センター情報資料室では石巻の漁業や水産加工業を紹介

data
石巻市魚町2-14　TEL0225-96-1021
営／6:00～17:00（見学可能時間）
休／日曜、WEBサイトに公開されている休場日カレンダーの休日

見学data
所要時間／10～15分　入場料／無料
※職員の説明が必要な場合は1週間前までに連絡
※1階の荷さばき所は入場不可
※一般への魚介類の販売は行っていない

立体駐車場屋上階から市場連絡通路（上空通路）を使用してのみ入場可

石巻市魚市場

市場見学 | 対象年齢 0歳以上

　高度衛生管理型の施設で、延長は876㍍もあり、水産都市・石巻のシンボルの一つになっている。季節によって、銀ザケやカツオ、サバなど多くの魚介類が水揚げされる。2階見学者通路からは1階の荷さばき所が見渡せる。水揚げのある日は6:00頃に魚介類がずらりと並び、6:30頃からセリ（入札）の様子を見学できる。市場や水産業の理解を深められるタッチパネルなども設置している。魚市場の北側にある石巻市水産総合振興センターの1階には、石巻の水産業についての情報資料室があり、見学自由。

食卓に登場する魚介がいっぱい
ホヤやカキの展示は必見

天気のいい日は「マボヤのもり」に太陽の光が差し込み、ホヤが輝いて見える

【 仙台うみの杜水族館 】

館内見学	対象年齢 0歳以上

　約100基の水槽で300種5万匹もの生きものを展示している。アジやイワシ、アナゴ、スズキ、カキ、ホヤなど、家庭の食卓に登場する身近な生きものも多数展示。ウェルカムホールを抜けると、下から見上げる展示「マボヤのもり」に目を奪われる。水中に垂らされているロープに、オレンジ色のマボヤがぎっしりと付着していて、ホヤの養殖風景を海の中から眺めているような気分になれる。「内湾 恵みのうみ」では松島湾などで行われている養殖業にスポットを当て、カキの養殖いかだを公開している。三陸のうみを再現した大水槽「いのちきらめく うみ」では、約2万5000尾のマイワシの群れが縦横無尽に泳ぐ姿が魅力。

「内湾 恵みのうみ」ではカキの養殖風景を紹介

神秘的な大水槽「いのちきらめくうみ」

食とのつながりを感じられる

季節展示「アナゴの恵方巻水槽」

東北最大級の規模を誇る水族館

data
仙台市宮城野区中野4-6
TEL022-355-2222
営／10:00～17:00（最終入館16:30）※季節により変動あり
休／無休

─見学data─
所要時間／約120分
入場料／大人2400円、65歳以上1800円、中・高校生1700円、小学生1200円、4歳～未就学児700円

レンタルあり　うみの杜スタジアム

有料

9

果物や野菜がぐっと身近に
貸し農園も併設

収穫や加工品作りに挑戦

大地の恵みに触れる

せんだい農業園芸センター みどりの杜

収穫体験　対象年齢 0歳以上

　季節の草花、野菜、果物を栽培し、農業について見て、触れて、食べて、学べる施設。「観光農園」ではミニトマト、ブルーベリー、ブドウ、イチジク、ナシ、リンゴなど、年間を通してさまざまな果物や野菜の収穫体験ができる。実施日時や料金は作物によって異なるので、公式WEBサイトで確認を。敷地には田んぼもあり、シーズンになると田植えや稲刈りのイベントを開催している。貸し農園「みどりの杜農園」では菜園アドバイザーのサポートを受け、野菜作りに挑戦できる。スコップやバケツ、一輪車など農機具は借りられる。毎年1月に、次年度の新規申し込みを受け付けている。

野菜や果物の栽培・収穫、乳製品や加工品作り、そば打ちなどの農業・酪農体験ができる施設をP.10〜17でご紹介。大地の恵みを身近に感じられる楽しい体験がいっぱいです。

data
仙台市若林区荒井字切新田13-1
問／収穫体験TEL022-762-9688
　　　イベント、貸し農園TEL022-288-0811
営／9:00〜17:00（11〜2月は16:00まで）
休／月曜（祝日の場合は開園、翌平日休み）、年末年始
入場料／無料

┌─体験data─────────────
│実施日時・所要時間・体験料金・予約方法は公式WEBサイトで要
│確認
└──────────────────────

レンタルあり　公園内

無料※収穫体験者用

収穫体験

イベント

例年8月中旬から10月上旬まで楽しめるブドウ狩り

暑さ厳しい7・8月を除き体験できるミニトマト狩り

リンゴ狩りは例年10月中旬から12月上旬まで

おいしそうな
色合い

甘味が強い「宮美
（みやび）ふじ」

貸し農園「みどりの杜農園」での耕うん実習で
は土作りをはじめ基本的なことを学べる

一生懸命に
手作業

秋に稲刈り体験

11

果物を中心に8品目
旬の味覚を取って味わって

リンゴは「宮美ふじ」「はるか」「パインアップル」など複数種類を栽培

【 JRフルーツパーク
仙台あらはま 】

| フルーツ狩り | 対象年齢 0歳以上 |

ホテルメトロポリタン仙台などを運営する仙台ターミナルビルが管理する体験型観光農園。年間を通して、イチゴやブドウ、ブルーベリー、ナシ、リンゴなど8品目156品種の作物を栽培している。農園では「フルーツ狩り」を実施し、シーズンごとに多彩な果物や野菜を収穫できる。作物によって実施日時や料金が異なるので、公式WEBサイトで確認を。カフェ・レストラン「Les Pommes」ではホテルのシェフがプロデュースし、農園で育てた果物や野菜を使った料理やデザート、ドリンクが味わえる。「キッズカレー」「キッズエビフライプレート」は「子どもが野菜を喜んで食べてくれる」と好評だ。

◀カフェ・レストラン「Les Pommes」では食事もデザートも楽しめる

▼野菜たっぷりのカレーやエビフライがワンプレートになった「キッズエビフライプレート」

季節のフルーツがトッピングしてあるソフトクリーム

ゲート付近にビニールハウスがずらりと立ち並ぶ

data
仙台市若林区荒浜新2-17-1
TEL022-390-0770
営／直売所10:00～16:00
　　カフェ・レストラン11:00～16:00
　　（カフェは10:00から、LO15:00）
休／火曜（祝日の場合は開園、翌平日休み）、年末年始
入場料／無料

─体験data─
フルーツ狩りの実施日時・所要時間・体験料金・予約方法は公式WEBサイトで要確認

車椅子のみ3台レンタルあり　ふれあい広場の園内芝生エリアのみ

無料

【 国営みちのく杜の湖畔公園 】

新鮮お野菜収穫体験　対象年齢 **0歳以上**

　蔵王山麓に広がり、釜房湖畔に位置する国営公園。南・北・里山の3地区で構成され、北地区にある「みちのく自然共生園」では7月中旬から11月まで、「新鮮お野菜収穫体験」を実施している。ジャガイモやサツマイモ、ダイコンなど、収穫物は季節によって異なる。申し込みは当日受け付けている。南地区のふるさと村では期間限定で、みちのく自然共生園で収穫された米を加工した煎餅生地を、火鉢を使って炭火で焼く体験もできる。もちろん、その場で焼きたてを食べられ、子どもは楽しみながら米の幅広い用途や工程を学べる。他にも「いもおこわのふるまい」など、年間を通して多彩なイベントを実施している。

◀ふるさと村では、昔ながらの火鉢で煎餅焼き体験を開催

▼振る舞われた、いもおこわを堪能する家族

サツマイモ入りのいもおこわ

ツルにつながっているサツマイモ

ジャガイモがたくさん

data
川崎町大字小野字二本松53-9　TEL0224-84-5991
営／9:30～17:00（7月1日～8月31日は18:00まで、11月1日～2月末は16:00まで）
休／火曜（祝日の場合は営業、翌水曜休み）、12月31日・1月1日
※4月1日～6月第3日曜、7月第3月曜～10月31日は無休
入場料／15歳以上450円、65歳以上210円、中学生以下無料、駐車場普通車320円

体験data
日時／休園日を除く7月中旬～11月10:00～15:00の1時間ごと
料金／収穫物により異なる。当日直接受け付け

〔レンタルあり〕〔無料〕

有料駐車場はあり　　　みちのく自然共生園全域

ふかふかとした土から野菜を掘り起こそう

豊かな自然に囲まれ
気軽に土に触れてみよう

体験メニューは1回8人まで。天候によって中止の場合あり

【 デリシャスファーム 】

ミニトマト収穫体験　　対象年齢 4歳以上

　「幻の品種」とも呼ばれる糖度7度以上の希少な「玉光デリシャス」をはじめ、さまざまな品種のトマトとミニトマトを生産する農園。併設の直売所で各種トマトと加工品を販売している他、ファームカフェでもぎたてのトマトを使ったパスタやカレー、ソフトクリーム、ファームカフェ人気のナポリタンをお子様サイズにした「お子様ランチ」といった多彩なメニューを提供している。冬季を除き通年楽しめる「ミニトマト」の収穫体験は大人から子どもまで幅広い世代に好評。もぎたてのトマトのみずみずしい味わいは格別だ。

もぎたての味を親子で楽しめる

ぶつっともぎとる手応えを実感

色とりどりの実を収穫

直売所とファームカフェを併設

data
大崎市鹿島台木間塚古館1　TEL0229-56-3578
営／直売所 9:00〜17:00（水・日曜は15:00まで）
　　カフェ 11:00〜15:00（ラストオーダー14:30）
休／年末年始

┌─体験data─
所要時間／1時間30分
日時／2〜11月10:30〜13:30
料金／中学生以上2200円（ランチ付き）、小学生1320円
　　　（お子様ランチ付き）、3歳以下無料（ランチは付かない）
※体験日の前日まで、オンライン（WEBサイトの収穫体験予約ページ）から申し込みを

ハウスの中は基本的に飲み物のみ持込み可

14

1 足を使ってイガをむく普段できない体験が楽しい栗拾い
2 夏休み期間中のみ、予約時に相談すると「流しそうめん」などの希望にも応じてくれる
3 リンゴのもぎ取りに挑戦

旬の味を自分の手で収穫
季節の変化を五感で体感

【 なかにいだアップルふぁ〜夢 】

リンゴ・栗収穫、ピザ作りなど　｜対象年齢 7歳以上｜

リンゴ狩りをはじめ、さまざまな食の体験ができる農園。園内では春先にたらの芽、山ウドを収穫できる他、9月につがる、10月にジョナゴールド、11月にふじのリンゴのもぎ取りが楽しめ、1個から持ち帰り可能だ。ピザ窯、テント付きのバーベキュー施設を併設。生地から挑戦できる予約制のピザ作り体験、5〜11月はバーベキュー、芋煮も楽しめる。

data
加美町上多田川岩滝109
TEL0229-62-2109
営／9:00〜16:00
休／11月下旬〜3月下旬

─体験data─
所要時間／約2時間
料金／たらの芽、山ウドを収穫1000円、リンゴ狩り中学生以上500円、小学生以下400円（持ち帰りは品種により80〜200円）、栗拾い小学生以上200円（持ち帰りは1kg700円から）、ピザ作り1枚1200円
※ピザ作りが4〜11月、たらの芽、山ウド収穫が5月、リンゴ狩りが9〜11月、栗拾いが9月下旬〜10月上旬に体験可能。いずれも1週間前まで、電話で申し込みを

園内

60以上の品種2万本
甘酸っぱい味わい楽しんで

1 摘み取り体験は子どもたちにも好評 **2** おむつ替えスペースや靴を脱いで遊べる人工芝のキッズスペースなどを備え、乳幼児連れも安心 **3** 2022年にレストハウスをリニューアル

data
蔵王町遠刈田温泉字七日原254-2　TEL0224-35-3014
営／カフェ 7〜11月9:00〜16:00
休／火・水曜（開園期間中は無休）、12〜6月頃

─体験data─
所要時間／45分
日時／7月頃9:00〜16:00
　　（開園期間は育成状況により異なる）
料金／45分食べ放題中学生以上1500円、4歳〜小学生800円（持ち帰りは100gあたり250円）
※体験は開園期間中は予約不要（20人以上の団体は要予約）

【 蔵王ブルーベリーファーム 】

ブルーベリー狩り　｜対象年齢 4歳以上｜

約4万坪の農地に2万本のブルーベリーを栽培。無農薬のため、粒のサイズや形、甘み、風味が異なる60種以上の品種を摘み取ってすぐに食べ比べできる。2022年にリニューアルしたカフェ併設のレストハウスでは無農薬ブルーベリーと砂糖だけを使用した手づくりジャムなどの加工品をはじめ、オリジナルスイーツやデニッシュ、スムージー、ソフトクリームなどブルーベリースイーツを提供している。

ボイルしたてを味わおう

【 伊豆沼農産 】

地元食材を使った
手作り教室

対象年齢
10歳以上（10歳未満も付き添い者の
手伝いがあれば体験可能）

　養豚や水稲・果樹栽培と、ハム、ソーセージをはじめとする食肉加工品製造、直売所・レストラン運営を手掛ける「伊豆沼農産」が、自社や宮城県北の食材を使った手作り教室を開いている。ブランド豚肉・伊達の純粋赤豚と地場野菜を使った「手づくり肉まん」の他、粉を練るところから体験できる「手づくりピザ」、宮城県北の郷土料理に挑戦する「手づくりはっと」、2〜3月限定の「手づくりいちご大福」、果実の摘み取りと加工が一度に楽しめる「ブルーベリー摘み取り＆ムースづくり」などのメニューがある。宮城県産の豚肉を使った「手づくりウインナー体験」は持ち帰りできる他、ボイルしたできたての試食が可能。

レストランを併設

敷地内に直売所もある

「手づくりウインナー
体験」のウィンナーは
持ち帰りOK

「手づくり肉まん」に挑戦

data
登米市迫町新田字前沼149-7
TEL0220-28-2986
（月〜土曜9：00〜17：00）

┌─体験data─
│時間／10:00から、13:30から
│所要時間／90分（体験によって異なる）
│料金／1セット2200円
│※予約は5日前まで、WEBサイトから。最少催行数は8
│　セット以上（ウィンナー、はっとは5セット以上）から。
│　少人数での申し込みの場合も他の予約者の状況などで
│　開催できる場合もあるため、気軽に相談を

（外デッキ、体験教室内）

1 子どもたちに人気のアイスクリーム作り
2 ソーセージ作りは大人にも好評

ふれあい牧場 蔵王ハートランド

「カッテージチーズ」「アイスクリーム」「ソーセージ」手作り

対象年齢
小学生以上

牛乳を使った「カッテージチーズ」や本格的な「アイスクリーム」の他、練った肉を皮に詰めボイルして仕上げる「ソーセージ」の手作り体験が人気。作ったチーズやアイスクリームはその場で試食、ソーセージは持ち帰り可能（クーラーボックスを持参）。羊や山羊を飼育する牧場が併設され、4〜11月はふれあい体験も楽しめる。2㌔ほど離れた場所に「蔵王チーズ」の工場と直売所、チーズ料理店「チーズシェッド」「チーズハウス」などの施設がある。

広大な牧場自慢の牛乳で自分の手で乳製品作り

data
蔵王町遠刈田温泉字七日原201
TEL0224-34-3769（蔵王ハートランド）
休／11月下旬〜4月上旬
入園／無料

── 体験data ──
期間／4〜11月
　　（時間は体験内容によって異なる。ゴールデンウイークや夏休みは変更あり）
所要時間／チーズ約30分、アイスクリーム約1時間、ソーセージ約2時間
料金／チーズ770円、アイスクリーム1100円、ソーセージ1650円
予約方法／体験日の3日前〜1週間前まで、電話またはオンラインで申し込む

牧草地

希望の太さで自分好みの味
「打ちたて、ゆでたて」を体感

1 2 家庭にある道具を使って、自分で打った本格的なそばは格別の味わいだ
3 民家をリノベーションした店舗

data
名取市高舘川上五性寺71−1
TEL022-799-7097
営／11:00〜14:30（LO13:45）
休／臨時休あり

── 体験data ──
所要時間／90分
料金／1650円
※実施日時は体験後試食コース（1人〜5人）が日曜10:00から、体験後持ち帰りコース（4人以上）が営業日の16:00〜18:00。体験日の3日前まで、Eメールまたは電話で申し込みを

高舘食道 水神蕎麦

そば打ち体験

対象年齢
6歳以上

地下40㍍からくみ上げた熊野那智神社の伏流水と秋保野尻産ソバをメインに七ヶ宿や栗駒山系のソバを毎朝石臼でひいて打つ「むきたて、ひきたて、打ちたて、ゆでたて」の「四たてそば」が自慢のそば店。「そば打ち体験」は6歳以上から参加可能。親子で粉をこねて生地を延ばし、好みの太さに切って仕上げた打ちたて、ゆでたてのそばをその場で味わうことができる。職人が丁寧に指導してくれるので初心者も安心。人数、体験設備によっては出前体験も可。

17

牛乳からデザート類まで幅広い商品を製造

身近な食品ができる過程を見てみよう

工場見学

スタッフの案内で約30分間、通路から製造ラインを見学できる

普段飲んでいる牛乳や飲料水、宮城名物のかまぼこ、海鮮せんべいが出来る過程を見てみよう。親子で楽しく見学できる4つの工場を取り上げます。

【 みちのくミルク 】

| 工場見学 | 対象年齢 0歳以上 |

雪印メグミルクグループにおける東北地域の生産拠点として、近隣市町村から集乳した新鮮な原料乳をもとに、牛乳やヨーグルト、ゼリー、プリンなどを製造している。工場見学では、「おいしい雪印メグミルク牛乳」ができるまでの工程を、VTRを観賞しながらスタッフが説明した後、大きなガラス窓の見学通路から実際に製造しているところを見ることができる。

見学の前に「おいしい雪印メグミルク牛乳」ができるまでの工程をまとめた映像を視聴する

雪印メグミルクグループにおける東北地域の生産拠点

data
大崎市岩出山下野目字八幡前60-1
TEL0229-72-2011
受付時間／9:00〜17:00
休／月・土・日曜、祝日
入場料／無料

―体験data―
時間／10:00〜11:00
所要時間／1時間
料金／無料
予約方法／体験日の3日前まで、電話で申し込む

移動の際、階段の昇降あり

コカ・コーラ ボトラーズジャパン 蔵王工場

工場見学 　対象年齢 **小学生**以上

　2023年に改装した蔵王工場では、PETボトル製品や缶製品などの製造工程を見て学べる工場見学を実施している。始めに「コカ・コーラ」の誕生秘話や歴史、環境や地域との共同の取り組みなどをまとめた映像を視聴。その後、見学スタッフの案内で製造設備を見学する。所要時間は約1時間。体験コーナーではタブレットを活用した「コカ・コーラ検定」や「ボトル並び替えクイズ」、手の動きに反応する「バブルブース」などが楽しめる。昔懐かしい自動販売機やリサイクルコーナー、コカ・コーラグッズを背景に写真が撮れるスポットも人気を集めている。詳細は公式WEBサイト等を参照。

蔵王の自然が育んだ地下水を採水し、南東北エリアを中心に安全・安心な飲料水を供給する工場

遊びながら学べる「体験コーナー」が充実している

data
蔵王町宮字南川添1-1
TEL0224-32-3505
受付時間／9:00〜17:00
営／月〜金曜、祝日(工場休業日を除く)
入場料／無料

┌─体験data─
時間／10:00〜11:00、13:00〜14:00
所要時間／1時間
料金／無料
予約方法／体験日の前日まで、WEBサイトで申し込む
└

コカ・コーラの歴史学ぶ 体験コーナーも充実

映像を通して「コカ・コーラ」の歴史や、工場が行っている環境への取り組みを学ぶ

楽しいイラストパネルで紹介
笹かまの手焼き体験も

オリジナルキャラクター「ささまつくん」「むうちゃん」「たけじい」が迎えてくれる

【 松島蒲鉾本舗
多賀城工場直売店 】

工場見学　　**対象年齢 5歳以上**

　仙台名産の「笹かまぼこ」や松かまオリジナルのお豆腐揚げかまぼこ「むう」など、各種かまぼこを製造・販売している。工場稼働日にはスタッフの案内で、ガラス越しに工場の生産ラインを見学できる。串に刺さった笹かまぼこが次々と流れてくる所などを見ることができ、通路にはオリジナルキャラクターを配した楽しいイラストパネルやモニターがあり、笹かまぼこの一連の製造工程を子どもにも分かりやすく解説している。そのほか、揚げたての「むう」や笹かまぼこの手焼き体験（要予約・300円）も行っている。

笹かまぼこの手焼き体験もできる

焼き上げた笹かまは急速冷却した後、丁寧に包装される

data
多賀城市八幡一本柳3-5
TEL022-766-8830
営／9:30〜17:00
休／1月1日
　　（工場は非稼働日もあるので見学は要問い合わせ）
入場料／無料

┌ 体験data ─────────
時間／随時
所要時間／約15分
料金／無料（ミニ笹かまぼこ手焼き体験あり）
予約方法／要予約

海鮮せんべい塩竈

工場見学　対象年齢　**3歳以上**（未就学児は保護者同伴）

　名物の「三陸たこせん」をはじめタコ、マグロ、ワカメ、カキなどを使用した約50種類の海鮮せんべいを製造・販売している。工場では1日に約10万枚を製造。店内の見学通路から出来たての海鮮せんべいが次々と流れてくるところや、選別作業などを見ることができる。また、海鮮手焼き工房では、「海鮮塩竈焼き」「いかの姿焼き」を作る工程が見学できるほか、専用ペンに醤油を付けてせんべいに好きな絵柄や文字を描いてから焼く「手焼き体験」（1回100円・所要時間約10分）ができる。

工場見学の専用入口

見学通路に沿ってガラス張りの工場内を見学できる

各工程に関する説明パネルを掲示する

data
塩竈市新浜町3-30-30
0120-62-5030
営／9:00〜17:00
休／無休（工場は日曜休み）
入場料／無料

┌─ 体験data ─┐
時間／9:00〜16:30
所要時間／10分
料金／1枚100円（手焼き体験）
予約方法／予約不要
└─────────┘

レンタルあり

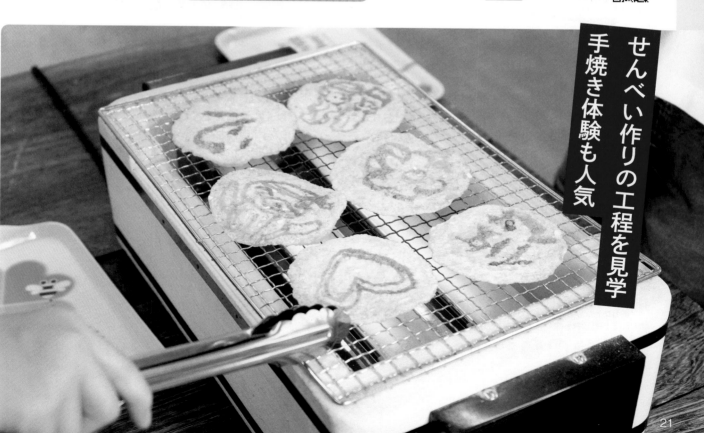

せんべい作りの工程を見学 手焼き体験も人気

せんべいに好きな絵柄を描いて焼く「手焼き体験」

アレルギー対応食品・自然食品から 子育て世代に

宮城野区
ヘルシーハット

市外からもファンが訪れる人気店

アレルギーの有無にかかわらず 楽しめるカフェを併設

1986年に開店。卵・牛乳・小麦・ナッツ類などを使用しないオリジナル食品をはじめとするアレルギー対応食品からグルテンフリーの食品、低刺激の洗剤、スキンケア用品などのアレルギー対応商品、自然食品まで幅広く販売、通信販売も行っている。アレルギーのある子どもたちも外食を楽しめるようカフェスペースを併設。アレルゲンなしの食材を使った「おこさまランチ」や「ノンエッグオムライス」をはじめ、ポークソテーや豆乳シチュー、パスタ、カレー、ケーキ、パフェなどアレルギーのない利用者にも喜んでもらえるメニューを提供。

data
仙台市宮城野区小田原1-4-26
TEL022-292-0355
営／10:00〜18:00
　　第1日曜、祝日は11:00〜15:00（カフェは休み）
　　※カフェの営業はランチ11:30〜LO14:30
休／日曜（第1日曜を除く）、祝日は休みの場合あり、年末年始

青葉区
OAK NATURAL STORE
（オークナチュラストア）

幅広い品ぞろえが魅力

自然食品やビーガン向け商品が充実 もう1品がすぐ作れる時短調味料も

穀物や野菜、海藻などを中心とする日本の伝統食を目指すマクロビオテックを基本とする自然食材店。伝統的な製法で作られた味噌、醤油をはじめ調味料、乾物、飲料、機能性食品、洗剤まで全国からよりすぐった2000アイテム以上の商品をそろえる。短時間で手間なく1皿を作れる調味料や無添加のレトルト食品など子育て世代にうれしい商品も充実。ビーガン向け商品やアレルゲン不使用の子ども向け商品もあり、食べ方の分からない珍しい食材などはスタッフが選び方やお薦めのレシピなどをアドバイスしてくれる。「味噌作り」などイベントも開催している。

data
仙台市青葉区立町22-14
TEL022-211-0938
営／10:00〜18:00
休／臨時休あり

無農薬・減農薬野菜まで
心強い店

生産者の顔が見える野菜や果物、添加物を使っていない加工品など、厳選した食品を扱っている宮城県内の店をご紹介。商品についての相談もお気軽に。

◎ 石巻市
【 グリーンサムいちば 】

野菜が充実している午前の来店がお勧め

石巻圏の朝採り野菜がずらり
乳幼児向け菓子も販売

　園芸店「水沢種苗店」が運営し、主に石巻市・東松島市の契約農家が育てた朝採り野菜を中心に、無農薬や減農薬栽培の農産物をセレクト。乳幼児向けのお菓子コーナーには、煎餅やウエハース、国産果汁100％のゼリーなどを用意している。食品添加物や遺伝子組み換え作物の使用を控えた味噌や豆腐などの加工品も豊富にそろう。天然酵母のパンや手作りがんづき、クッキーなどのスイーツも人気。野菜をふんだんに使った手作り弁当が並ぶ日もある。購入品は店舗外のテラス席で味わえる。家庭菜園に最適な野菜の種や苗も販売している。

data
石巻市恵み野6-4-4
TEL0225-96-8713
営／9:00〜17:30
休／年末年始

テラス席

◎ 登米市
【 菜の花村 本店 】

コンパクトな店ながら商品が多彩

常連客の8割が利用
旬の野菜の宅配

　登米、栗原、大崎各市を中心に全国の生産者による減農薬や農薬を使わない野菜を扱う。常連客の8割が野菜の宅配を利用し、「旬の野菜セット」が好評。店頭には生鮮食品より調味料や加工品、生活用品が多く並ぶ。伝統製法の調味料や圧搾搾りのオイル、有機原料を使った飲料、菓子など600品目以上の品ぞろえ。農薬や化学肥料に頼らない米や、登米市「いなほ」の自家配合飼料の平飼い卵、放牧飼育の豚肉が人気。商品に生産者名・製造者名、農薬の不使用・削減量を分かりやすくラベル表示している。宅配の注文はWEBサイトから。姉妹店の利府店は火・木・土曜に営業。

data
登米市中田町石森字野元188-1
TEL0220-34-6991
営／10:00〜18:30（木・日曜は14:00から）
休／土曜、年末年始、GW、お盆

宮城の老舗がキットを考案

おうちで作ろう

宮城の老舗が誇る昔ながらの食品を「作って食べる体験」が自宅で気軽に楽しめるキット。親子で挑戦すればより楽しく、自分で作った味は格別です。

【 今野醸造 】

親子でつくる手作りみそキット

4320円 ※離島は送料別

明治期に創業した加美町の老舗味噌・醤油メーカーのヒット商品。初心者も簡単に約3㌔㌘の味噌を作ることができる。手順書の他、国家資格「1級みそ製造技能士」がこの商品のために配合した自社農場で特別栽培された大豆と塩きりこうじ、種味噌、樽、仕込み袋、さらにお裾分け用のカップやシール、味噌の歴史や種類が学べるオリジナルの食育資料「目指せ!みそマイスター」付き。商品到着後はすぐに開封して種みそを冷蔵庫に保管し、1週間以内に体験を。仕込んだ味噌は2度の「天地返し」を経て、作った季節によって3カ月〜1年ほどで食べ頃を迎える。

data
問／TEL0229-63-4004
(9:00〜17:00、日
曜、祝日定休)

 購入はこちら

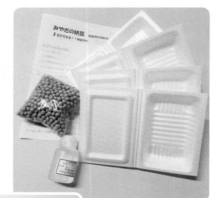

【 宮城野納豆製造所 】

納豆製造体験セット

1080円 ※送料別

大正期に創業した100余年の歴史を誇る仙台市の納豆メーカーが販売。乾燥大豆200㌘、納豆菌1㌔㌘用1本、納豆容器4個と、詳しい手順書がセットになっている。WEBサイトから注文でき、届いたら乾燥大豆を水に浸して戻した後、柔らかく煮て納豆菌をまぶして発酵させる。冷蔵庫でさらに熟成させ、できたての納豆が味わえる。夏休みの自由研究などにもぴったりだ(火を使う工程は大人と一緒に体験を)。好みの大豆を使うなら、純粋培養させた「納豆菌」単品の購入がお薦め(納豆1㌔㌘用50㍉㍑648円)。製造所で直接購入する場合は予約して来店を。

data
問／TEL022-256-7223
(9:00〜17:00、日
曜定休)

 購入はこちら

【 山長小野寺商店 】

ふりかけ職人

756円 ※送料別

気仙沼市の乾物・海産物・加工品の卸・小売り専門店が考案。当初、親子で楽しめるワークショップとして行われ、好評を博した「マイふりかけ作り」を自宅で気軽に体験できるキットとして商品化した。小分けされたのり、いりごまの他、三陸産かつお節やカットわかめ、乾燥オキアミなど小分けされた無添加の乾物を好みの配合で混ぜ、立ち上る香りや独特の手応えを楽しみながらセットのミニすり鉢、ミニすりこ木で好みの加減ですりつぶして完成させよう。約6食分。

data
問／TEL0226-22-1816
(5:30〜18:00、臨
時休あり)

 購入はこちら

宮城県

子育て行政サービス

県民運動シンボルキャラクター
アニメむすび丸
子育て支援を進める

©宮城県・旭プロダクション

生まれてよかった 育ってよかった 住んでよかった
世界に誇れる宮城

宮城県

〒980-8570
仙台市青葉区本町3-8-1
TEL022-211-2111
人　口／224万6622人
世帯数／104万3291世帯
面　積／7282平方㌔。
（2023年8月31日現在）

みやぎ結婚応援・子育て支援パスポート

　県では、行政や企業、住民など、地域が協力することで県内の子育て支援の輪を広げる「子育てにやさしい宮城県」を目指している。「子育て支援を進める県民運動」の一環として県内の子育て家庭を社会全体で応援するために、みやぎ子育て支援パスポート事業を実施しており、子育て家庭が「みやぎっこ応援の店」で「みやぎ子育て支援パスポート」を提示すると、割引やおまけのプレゼントなどのサービスが受けられる。サービスの内容や利用条件などは、店により異なっているので、利用時には事前に確認しよう。

※スマホ版サイトイメージ

　2018年11月から「みやぎ子育て支援パスポートサイト」を開設し、サイト上で利用者登録や店舗サービスの内容などの検索が可能となっており、「みやぎ子育て支援パスポート」もスマートフォンで利用できる。
　「みやぎっこ応援の店」は「みやぎ子育て支援パスポートサイト」で検索することができる。23年10月末現在、2588店が登録していて、飲食店や塾、クリーニング店など、暮らしに役立つお店がいっぱいだ。
　また、同様の事業は全都道府県で実施しており、相互利用が可能となっている。それぞれの都道府県によって利用条件が異なるので、事前にウェブサイトなどで確認しよう。
　2022年11月からは新婚夫婦や結婚予定のカップルを対象とした「みやぎ結婚応援パスポート」の運用も開始。結婚から子育てまで切れ目なく応援していく。
みやぎ結婚応援・子育て支援パスポートサイト
https://miyagi-marichilpassport.jp/
参加自治体リンク集：
https://www8.cao.go.jp/shoushi/
shoushika/passport.html
みやぎ子育て支援パスポートInstagramページ
アカウント名：みやぎ子育て支援パスポート
ユーザーネーム：miyagi_miya_pass
URL：https://www.instagram.com/
miyagi_miya_pass

みやぎ結婚応援・子育て支援パスポート協賛店舗募集中

　県は、子育てや結婚を支援する協賛店舗を募集している。
　登録方法は「みやぎ結婚応援・子育て支援パスポートサイト」を確認しよう。

https://miyagi-marichilpassport.jp/

みやぎっこ応援ローン

　県は、少子化の一因とされている出産・子育てに係る経済的な負担や不安の軽減を図るため、県内に本店を置く11金融機関と連携し「みやぎ子育て世帯支援総合融資」を行っている。
　子育てに係る資金全般について、妊娠している方から大学卒業までの子どもがいる子育て世帯を対象に、優遇金利で融資を行う制度だ。多くの県民に利用してもらい、出産・子育てを希望する方が安心して子どもを産み、育てることができる地域社会の実現につなげていく。

融資の特徴
・県内に在住する「子育て世帯」（妊娠中も含む）を対象
・使途は出産や扶養する子の養育および教育に要する資金全般を対象

みやぎ子育て世帯支援総合融資　宮城県
みやぎっこ応援ローン
宮城県と県内金融機関の連携による"優遇融資制度"です！
子育てのための"幅広い使いみち"に利用できます！
"妊娠中から大学生"まで子育て世帯を応援します！

| 融資額 最大 500万円 | 金利 年1.25%〜4.0% | 返済期間 最長 7年〜10年 |

詳しくは、下記の取扱金融機関の窓口へお問い合わせ下さい
七十七銀行　仙台銀行
石巻信用金庫　気仙沼信用金庫　仙南信用金庫
宮城第一信用金庫　杜の都信用金庫　東北労働金庫
石巻商工信用組合　仙北信用組合　古川信用組合

・県と県内金融機関が連携し、各金融機関の企画提案により新たな融資商品を創設
・県が融資原資の一部を各金融機関に預託することで、各金融機関が提案した金利から2%引き下げた金利を貸出金利として設定

取扱金融機関

七十七銀行、仙台銀行、石巻信用金庫、気仙沼信用金庫、仙南信用金庫、宮城第一信用金庫、杜の都信用金庫、東北労働金庫、石巻商工信用組合、仙北信用組合、古川信用組合（計308店、うち県内293店）

利用できる方

・申込時に県内に住所を有する（※1）
・22歳以下の子ども（※2）を扶養している、ならびに妊娠中およびその配偶者
・申込時の年齢が満18〜20歳以上（※3）
・継続して安定した収入がある
・そのほか各金融機関が定める融資基準を満たしている
※1…信用金庫と信用組合においては、それぞれの営業地域内に居住または勤務している
※2…満22歳に達する日以後の最初の3月31日までの間にある子ども（ただし大学において修業年限を6年とする課程にある子にあっては、満24歳に達する日以後の最初の3月31日までの間にある子ども）
※3…金融機関により申込可能な年齢が異なる

融資額

最大500万円
※金利や融資期間など詳しくは県ウェブサイト「みやぎっこ応援ローン」を確認の上、金融機関に問い合わせを

融資対象使途

出産や教育など子育てに必要となる資金全般。ただし事業性資金、レジャー・娯楽資金、借換資金、投機・転貸資金および高級服飾品を購入する資金などは除く

 児童相談所

児童相談所は、市町村と連携を図りながら子ども（18歳未満）に関する家庭、学校、地域などからの相談に応じ、子どもが有する問題や真のニーズ、子どもの置かれている環境の状況を捉え、それぞれの子どもや家庭に効果的と思われる支援・援助を提供することで、子どもの福祉を図り、子どもの権利を守ることを目的に設置された行政機関。

その役割と機能は、児童福祉法に基づき次のように定められている。
①相談機能　家庭、学校、地域からの相談を受け、子どもの家庭状況、地域状況、生活歴、発達状況、性格、行動などについて総合的に調査・診断・判定を行う。それらを基に、関係機関と連携して子どもへの一貫した支援を行う
②一時保護機能　効果的な援助を行うため、必要に応じて子どもを家庭から離して

児童相談所への相談の内容（例）

養護の相談	家庭の事情（親が病気、経済的に難しいなど）により、子どもを育てることができない。親がいなくなってしまい、子どもに身寄りがない。つい、子どもをたたいてしまう、傷つけるようなことを言ってしまう、無視してしまうなど。
非行の相談	お金の持ち出し、暴力・暴言、家出、盗み、火遊び、夜間徘徊（はいかい）、シンナー等薬物の使用などで困っている。
性格行動の相談	部屋（家）に閉じこもって出てこない（外出しない）。家庭や学校などで落ち着きがなく、みんなと一緒に行動できない。
発達の相談	ほかの子どもと比べて言葉が遅れている。身の回りのことがなかなか身に付かない。障害のある子どもの育て方を知りたい。
里親などの相談	家庭に恵まれない子どもを預かり、育てたい。

一時保護する

③**措置機能**　子どもへの援助として、児童福祉施設に入所させる、または里親に養育を委託するなどの措置を行う

上記のほかにも、親権者の親権喪失宣告の請求や未成年者の後見人の選任・解任請求を家庭裁判所に対して行ったり、児童虐待への対応のために該当する家庭への立ち入り調査や警察への協力要請を行ったりできる。

●各種相談にも対応

児童相談所は、子どもの心や体のこと、家庭や学校での気掛かりなことについて相談に応じ、子どもが明るく健やかに成長できるよう、援助をする専門機関でもある。親や地域などからの各種相談に応じている。

相談は無料で、内容や個人の秘密は厳守される。

問／中央児童相談所　TEL022-784-3583（仙南圏・仙台都市圏＝仙台市除く＝）、北部児童相談所　TEL0229-22-0030（大崎圏、栗原圏）、東部児童相談所 TEL0225-95-1121（石巻圏、登米圏）、東部児童相談所気仙沼支所　TEL0226-21-1020（気仙沼・本吉圏）、仙台市児童

相談所　TEL022-219-5111（仙台市）、児童相談所虐待対応ダイヤル「189」または児童相談所相談専用ダイヤル「0120-189-783」にダイヤルすると、24時間いつでも近くの児童相談所に通告・相談できる

児童虐待防止の推進

県では各関係機関と協力・連携し、児童虐待防止を推し進めている。身近なところで虐待をうかがわせるようなケースがあったら、まずは相談機関へ連絡を。

●子どもの虐待の種類

主に次の四つのタイプがある。

①**身体的虐待**　殴る、蹴るなどで外傷を負わせたり、生命が危うくなるようなけがをさせたりなど

②**性的虐待**　子どもにわいせつな行為をする、または子どもにわいせつな行為をさせる

③**ネグレクト**（養育の拒否・保護の怠慢）適切な食事を与えない、ひどく不潔なままにする、重大な病気やけがをしても医師に診せない、同居人による暴力の放置など

④**心理的虐待**　子どもの存在の無視、言葉による脅しや脅迫、兄弟姉妹間の差別的な扱い、子どもの前での暴力・暴言など心に不安や恐怖を与えること

相談は居住地の市町村の福祉や母子保健の窓口で受け付けるほか、県保健福祉事務所（地域事務所）、児童相談所で受け付ける。また、県保健福祉事務所（地域事務所）では

子どもや家庭関係全般に関する相談も受け付けている。

複数の機関・窓口で同様の相談に応じていて、どこに行けばよいのか悩むかもしれないが、いずれも専門の担当者が配置され、親身に相談に乗ってくれる。まずは早めの相談が肝心だ。

まなウェルみやぎ

教育・保健福祉分野における県民サービスの向上を目的とした複合施設「まなウェルみやぎ」は名取市の仙台空港アクセス線・美田園駅のそばにある。

施設は県の機関で総合教育センター、美田園高校、子ども総合センター、中央児童相談所、リハビリテーション支援センターが入っている。

子どもに関わる教育と福祉の諸施設が1カ所にあるため、施設間の連携が一層強まり、発達障害、不登校、いじめ、虐待など、さまざまな相談に応じたきめ細かなサービスが可能となっている。また、一人一人の子どもの暮らし方や環境に応じ、教育と福祉の両面から総合的、専門的かつ継続的な支援ができる。

●宮城県子ども総合センター

子ども総合センターは、子どもメンタルクリニック、子どもデイケア、子どもの健全育成関係者の人材育成、関係機関の支援などを実施。施設1階は、火〜木曜（祝日、年末年始等を除く）9:30〜11:30に「のびのびサロン」と

美田園駅そばの県道沿いにある

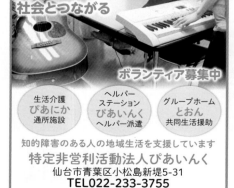

▼▶広々と遊べる
「にこにこラウンジ」

▼▲絵本や遊具がそろう
「のびのびルーム」

して開放しており、乳幼児とその家族が自由に遊ぶことができる。子ども文庫として絵本の貸し出しを行っている。いずれも利用無料。

また、保育所や幼稚園、子育て支援施設、ボランティア団体向けに紙芝居、大型絵本、パネルシアター、エプロンシアターの貸し出しも行っている。
問／TEL022-784-3580

●宮城県総合教育センター

総合教育センターには不登校・発達支援相談室「りんくるみやぎ」が設置されており、電話による各種相談に応じている。

・子供の相談ダイヤル TEL022-784-3568
　月〜金曜9:00〜16:00
　（土・日曜、祝日、年末年始除く）
・不登校相談ダイヤル TEL022-784-3567
　月〜金曜9:00〜16:00
　（土・日曜、祝日、年末年始除く）
・発達支援教育相談ダイヤル
　TEL022-784-3565
　月〜金曜9:00〜16:00（土・日曜、祝日、年末

「まなウェルみやぎ」の外観

年始除く）

相談先に悩む場合は、月〜金曜（土・日曜、祝日、年末年始除く）の8:30から17:15まで「まなウェルみやぎ相談支援テレホン」TEL022-784-3570で対応。いじめなどに悩む子どもと保護者には、24時間年中無休の「24時間子供SOSダイヤル」フリーダイヤル0120-0-78310（IP電話での利用は022-797-0820〈有料〉）もある。
問／TEL022-784-3541

宮城県母子・父子福祉センター

仙台市宮城野区安養寺にある母子・父子福祉センターは、ひとり親家庭や寡婦の方の生活全般や就業などの各種相談に応じ、自立を支援する施設。公益財団法人宮城県母子福祉連合会が県からの指定管理を受け、センターの管理・運営に当たっている。

就業支援事業

就業相談に応じ、家庭状況や職業の適性、就業への意欲形成、職業訓練の必要性などを把握し、求人の情報提供など適切な指導や助言を行う。

就職・転職セミナーの開催

就業準備・離転職に関するセミナーを開催している。

就業支援講習会の開催

就業に結び付く可能性の高い技能、資格を習得するためパソコンや介護の講習会を開催している。

就業情報提供事業

求職登録者、講習会修了者らの求職活動を支援するため、就業支援バンクを開設。希望する雇用条件などを登録し、それに応じた求人情報を登録者に提供する。

母子父子家庭等電話相談事業

ひとり親家庭や寡婦を対象に、電話相談を実施。就業や家事など日々の生活に追われたり、相談相手を得るのに困難な面があったりすることから、気軽に利用してもらおうと日曜にも受け付けている。
TEL022-295-0013
相談時間／9:00〜17:00
（火・土曜、祝日、年末年始除く）

問／TEL022-295-0013

特に就業支援の面ではひとり親家庭の親に重点を置き、上記の事業を実施している。

ひとり親家庭支援員

県では各保健福祉事務所（地域事務所）に「ひとり親家庭支援員」を配置している（下記の表）。
支援員はひとり親家庭が抱えるさまざまな問題や、母子父子寡婦福祉資金の貸付けなどの相談に応じ、問題解決に必要な助言や支援を行っている。仙台市をはじめ一部の市にも支援員がいる。

ひとり親家庭支援ほっとブック
～子育てをひとりで悩まないための本～

主に「手当、年金、助成、貸付等の経済支援」「就労に関する支援」「養育相談・心のケア、法律相談」「住居、保育、就学支援、その他の支援」に分かれ、それぞれ該当する手当や給付金、貸付金、助成金、相談機関と連絡先、支援内容などが紹介されている。
県のウェブサイトからダウンロードできる。
問／子ども・家庭支援課
　　TEL022-211-2532

ひとり親家庭支援員 相談・問い合わせ先

事務所	電話（直通）	所在地
仙南保健福祉事務所	0224-53-3132	大河原町字南129-1
仙台保健福祉事務所	022-363-5507	塩釜市北浜4-8-15
北部保健福祉事務所	0229-91-0712	大崎市古川旭4-1-1
北部保健福祉事務所 栗原地域事務所	0228-22-2118	栗原市築館藤木5-1
東部保健福祉事務所 登米地域事務所	0220-22-6118	登米市迫町佐沼字西佐沼150-5
東部保健福祉事務所	0225-95-1431	石巻市あゆみ野5-7
気仙沼保健福祉事務所	0226-21-1356	気仙沼市東新城3-3-3

母子生活支援施設

母子生活支援施設は、さまざまな事情で子どもの養育が十分にできない場合、母親と子ども（18歳未満※）が一緒に入所できる施設。単に居室を提供するだけでなく、母子指導員や少年指導員らが母親の自立を援助し、子どもが健やかに育つよう指導に当たる。
入所対象／配偶者のいない女性、またはこれに準ずる事情にある女性で、その養育している児童（18歳未満※）の福祉に欠けるところがあると認

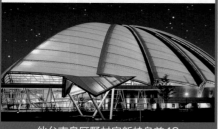

められる場合
支援内容／居室の提供、母子指導員や少年指導員による生活支援など
費用／収入に応じて入所に係る経費を一部負担
※特別な事情がある場合、満20歳に達するまで利用可

問い合わせは県の各保健福祉事務所（地域事務所）、または各市の福祉事務所（福祉担当課）へ。

施設一覧

施設名
宮城県さくらハイツ
栗原市ファミリーホームひだまり
仙台つばさ荘
仙台むつみ荘

東日本大震災 みやぎこども育英募金

東日本大震災の被災地では子どもたちを取り巻く環境が激変し、中でも震災により保護者を亡くした世帯では、子どもが進学するにつれて金銭的な面から就学が困難になるケースが多い。このように子どもたちを巡る課題や情勢は時間とともに変化しており、今後も中長期的な支援が必要だ。

県では全ての子どもたちが困難を乗り越え健やかに育っていけるよう、寄付金を基金として積み立て、子どもたちの支援に活用している。2023年10月31日現在で2万1843件計126億6722万8538円の寄付があった。寄付金は未就学児には支援金として、小学生から大学生等までは給付型奨学金として、月額金および入学・卒業時の一時金支給に充て、長期的かつ継続的な支援を行っている。

支援金も奨学金も県内に住み生計をーとしていた保護者（父、母もしくはこれらに類する人）が震災により、死亡か行方不明になっている未就学児（震災時に胎児も含む）から大学生等までが対象だ。支給額と対象者数はそれぞれ表1と表2の通りだ。

奨学金は原則として他団体の貸与型、給付型の奨学金等との併給が可能。ただし他の都道府県（主に岩手県、福島県）が行う同種の給付型奨学金との併給は認められない。県内の一部の市で同種の奨学金の給付が行われているが、それらの奨学金との併給は可能だ。

2023年3月31日現在で、申請のあった1093人（震災時大学生を含む）に総額34億1003万円を給付した。県では震災時に生まれた子どもたちが大学等を卒業するまで給付を継続していく。

遺児等サポート奨学金

2019年4月に始まった奨学金制度で、病気や事故など（東日本大震災以外の要因）により保護者を亡くした小中学生が、安定した学校生活を送り希望する進路を選択できるよう奨学金を給付する。

対象は県内の小学校、中学校、義務教育学校、中等教育学校の前期課程ならびに特別支援学校の小学部および中学部に在籍し、保護者（父、母もしくはこれらに類する人）を震災以外の要因で亡くした児童・生徒。ただし保護者の死亡後、再婚（事実婚を含む）、保護者以外と児童・生徒との養子縁組などで、亡くなった保護者に代わる者がいる場合は対象外。

問／県教育庁総務課 TEL022-211-3613

奨学金の種類と金額

種類	金額
月額金	1万円
小学校卒業時一時金	15万円
中学校卒業時一時金	20万円

母子父子寡婦 福祉資金貸付金

ひとり親家庭や寡婦の経済的自立と生活の安定、扶養している児童の福祉増進を図るため、無利子または低利で資金の貸し付けを行っている。

対象者
①配偶者のいない者で20歳未満の児童を扶養している者（母子家庭の母、父子家庭の父）
②寡婦（かつて母子家庭の母だった方）
③父母のいない児童
④配偶者のいない者が扶養する児童

表1 支給額

	未就学児	小学生	中学生	高校生等	大学生等
月額金	1万円	3万円	4万円	5万円	自宅通学　　6万円 自宅外通学10万円
一時金	●小学校入学時に10万円　●小学校卒業時に15万円 ●中学校卒業時に20万円　●高校等卒業時に60万円				

※2019年4月から奨学金の月額金が増額された
※2019年4月の月額金から大学院生も対象になった
※2019年4月の月額金から大学生等に自宅通学・自宅外通学の区分が設けられた

表2 対象者数

	支援金	奨学金					合計
	未就学児	小学生	中学生	高校生	大学生等		
人数	232	367	234	254	26		1113

（2023年3月31日現在）
※学年は震災時のものであり、現時点での学年ではない

⑤40歳以上の配偶者のいない女性で児童を扶養していない方
⑥母子・父子福祉団体

資金種別（用途）や貸付限度額、貸付期間、償還期間が決まっていて、審査の上での貸し付けとなる。資金種別（用途）や貸付限度額などについては県ウェブサイトの「母子父子寡婦福祉資金貸付金について」で確認できる。一部貸付金を除き連帯保証人を立てなくても申請はできるが、ケースによっては必要となる。

申請から貸し付け決定までには審査など一定の期間を要するので、希望者は県の保健福祉事務所（地域事務所）の母子・障害担当班に早目に相談を（仙台市民は各区役所）。

ひとり親家庭の高等職業訓練促進給付金・貸付金

一定の専門的な資格を取得するために母子家庭の母、父子家庭の父が1年以上（2023年度においては6カ月以上）養成機関で修業する場合、その一定期間について高等職業訓練促進給付金（訓練促進給付金）を支給するとともに、訓練終了後に高等職業訓練修了支援給付金（修了支援給付金）を支給する。

対象者
県内在住の母子家庭の母または父子家庭の父で次の要件を全て満たす人
①児童扶養手当の支給を受けているか、同等の所得水準にあること
②養成機関において1年以上（2023年度においては6カ月以上）のカリキュラムを修業

支給額など

給付金		市町村民税非課税世帯	月額10万円※
	訓練促進	市町村民税課税世帯	月額7万500円※
	修了支援	市町村民税非課税世帯	5万円
		市町村民税課税世帯	2万5000円

※修業期間の最後の12カ月間は4万円が増額される
※非課税世帯とは、対象者と住所を同一としている方全員が市町村民税非課税である必要がある

し、対象資格の取得が見込まれる者などであること
③就業または育児と修業の両立が困難であると認められる者であること
④原則として、過去に訓練促進給付金または修了支援給付金それぞれの支給を受けていないこと

対象資格
・看護師 ・准看護師 ・介護福祉士 ・保育士 ・理学療法士 ・作業療法士 ・理容師 ・美容師 ・鍼灸師 ・歯科衛生士 ・社会福祉士 ・製菓衛生師 ・調理師 ・シスコシステムズ認定資格 ・LPI認定資格 など

対象期間
①訓練促進給付金は修業期間（カリキュラム期間）の全期間（上限4年）が支給対象期間
②修了支援給付金は養成機関の修了日を経過した日以後に支給

居住地が市の場合は市の母子福祉担当課、町村の場合は居住地を管轄する県保健福祉事務所（地域事務所）に申請を。また、訓練促進給付金を活用して養成機関に在学し、就職に有利な資格の取得を目指すひとり親家庭の親に対し、入学準備金・就職準備金を貸し付ける「高等職業訓練促進資金貸付金」もある。一定の条件を満たせば貸付金の返還が免除となる。

給付金についての問い合わせは県の各保健福祉事務所（地域事務所）、または各市の福祉事務所（福祉担当課）へ。

貸付金についての問い合わせは県社会福祉協議会（TEL022-399-8844）へ。

ひとり親家庭の自立支援教育訓練給付金

母子家庭の母、父子家庭の父が就職のために一定の教育訓練を受講した場合、その費用の一部を支給することにより、ひとり親家庭の自立の促進を図ることを目的としている。

対象者
県内在住の母子家庭の母または父子家庭の父で、次の要件を全て満たす人。
①児童扶養手当の支給を受けているか、または同等の所得水準にあること
②当該教育訓練を受けることが適職に就く

ために必要であると認められること
③原則として、過去に自立支援教育訓練給付金などの教育訓練給付を受けていないこと

対象講座
①雇用保険制度の教育訓練給付の指定教育訓練講座
受講する講座の教育訓練機関に問い合わせるか、最寄りのハローワークでも閲覧できる。
②他に知事が必要と認める講座

支給額
対象講座の受講のために本人が支払った費用の60％に相当する額で20万円が上限。ただし、専門実践教育訓練給付金の指定講座の場合は、修学年数×40万円となり、上限は160万円。1万2000円を超えない場合は支給されない。また雇用保険法による一般教育訓練給付金または特定一般教育訓練給付金もしくは専門実践教育訓練給付金の支給を受けた人は、当該教育訓練給付金との差額を支給する。

申請方法
受講を始める前に、居住地が市の場合は市の母子福祉担当課、町村の場合は居住地を管轄する県保健福祉事務所（地域事務所）に相談した上で、対象講座の指定申請を行う。

問い合わせは県の各保健福祉事務所（地域事務所）、または各市の福祉事務所（福祉担当課）へ。

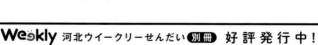

児童福祉施設・その他問い合わせ窓口 　児童福祉法に基づく施設で、さまざまな種類の施設があるが、いずれも児童の福祉の向上を図ることを目的としている。

種別	内容	県内施設	所在地	電話
助産施設	保健上必要があるにもかかわらず、経済的理由により入院助産を受けることができない妊産婦を入所させて助産を受けさせる施設	県内各地にあります。詳細はウェブサイトをご覧ください https://www.pref.miyagi.jp/soshiki/kodomo/josan.html		
乳児院	棄児、父母の死亡、未婚の母または保護者に監護されることが不適当な乳幼児をおおむね2歳に達するまで養育する施設	丘の家乳幼児ホーム	仙台市青葉区小松島新堤7-1	022-233-3202
		宮城県済生会みやぎ乳児院	富谷市成田8-4-6	022-351-5140
保育所	保育を必要とする乳児・幼児を日々保護者の下から通わせて保育を行うことを目的とする施設	県内各地にあります		お住まいの市町村へ
児童厚生施設	広く一般児童のために健全な遊びを与えて、その健康を増進し情操を豊かにする施設。児童館(児童センター)、児童遊園など	県内各地にあります		お住まいの市町村へ
児童養護施設	家庭環境に恵まれない児童を入所させて、心身ともに健やかに育成する施設	丘の家子どもホーム	仙台市青葉区小松島新堤7-1	022-234-6303
		仙台天使園	仙台市太白区茂庭台4-1-30	022-281-5181
		ラ・サール・ホーム	仙台市宮城野区東仙台6-12-2	022-257-3801
		小百合園	仙台市宮城野区枡江1-2	022-257-3898
		旭が丘学園	気仙沼市舘山2-2-32	0226-22-0135
児童心理治療施設	家庭や学校での人間関係が原因となって、心理的に不安定な状態に陥ることにより、社会生活が困難になっている児童が短期間入所または通所し、心理面からの治療および指導を受ける施設	小松島子どもの家	仙台市青葉区小松島新堤7-1	022-233-1755
児童自立支援施設	不良行為をなし、またはなすおそれのある児童および家庭環境等により生活指導などを要する児童を入所させ、個々の児童の状況に応じて、必要な指導を行い支援する施設	宮城県さわらび学園	仙台市太白区旗立2-4-1	022-245-0333
福祉型障害児入所施設	知的障害を持つ児童が、入所により保護および独立生活に必要な知識技能の供与を受けることができる施設	宮城県啓佑学園	仙台市泉区南中山5-2-1	022-379-5001
医療型障害児入所施設	18歳未満の肢体不自由のある児童が入所して治療を受けるとともに、独立自活に必要な知識・技能を習得するための指導や援助を受けることを目的とする施設	宮城県立拓桃園	仙台市青葉区落合4-3-17	022-391-5111
		仙台エコー医療療育センター	仙台市青葉区芋沢字横前1-1	022-394-7711
		独立行政法人国立病院機構西多賀病院(指定発達支援医療機関)	仙台市太白区鈎取2-11-11	022-245-2111
		独立行政法人国立病院機構宮城病院(指定発達支援医療機関)	山元町高瀬字合戦原100	0223-37-1131

DVや不妊・不育・妊娠・出産などに関する相談は下記の窓口でも受け付けている。

種別	内容	電話・サイト
女性相談センター	女性の抱えるさまざまな悩みに対して相談や支援を行っている 日時／月～金曜8:30～17:00(祝日、年末年始を除く)	TEL022-256-0965 https://www.pref.miyagi.jp/soshiki/jyoseict/soudandenwa.html
不妊・不育専門相談センター	専門の相談員が不妊や不育症等に悩む方の相談を行っている 電話相談／水曜9:00～10:00　(いずれも祝日、年末年始など除く) 　　　　　木曜15:00～17:00 面接相談／電話相談の上、予約必要 グリーフケア相談／毎月第1・第3月曜13:00～14:00(祝日、年末年始など除く)	不妊・不育症に関する相談 TEL022-728-5225 グリーフケア相談 TEL090-9714-7774 https://www.pref.miyagi.jp/soshiki/kodomo/huninsoudan.html
助産師による妊産婦電話相談	助産師が妊娠・出産などに不安を抱える県内の妊産婦の 電話相談を行っている 日時／月・水・金曜13:00～19:00(祝日、年末年始を除く)	TEL090-1060-2232 https://www.pref.miyagi.jp/soshiki/kodomo/ninnpusoudann.html

宮城県こども夜間安心コール

夜間のお子さんの急な病気・けがで困ったら!

こども夜間安心コール
#8000

プッシュ回線以外、PHSからは ☎022-212-9390

医療スタッフが受診の必要性や対処方法等を助言するため、受診できる医療機関をご案内します。

毎日	午後7時から翌朝8時まで
対象	15歳未満のお子さんの保護者等

※お子さんが15歳以上に医療機関へのかかり方のめあす、その月安やすをまとめているこどもの救急ガイドブックもご活用ください

宮城県

夜間、子どもが急な病気になったとき、けがをしたときに医療相談ができる電話相談ダイヤルを開設し、症状に応じた対応への助言や医療機関案内などを行っている。

・相談時間／毎日19：00〜翌朝8：00

・相談対象者／おおむね15歳までの子どもの保護者など
・対応内容／子どもの急な病気やけがへの応急方法に関する助言など
・相談対応者／看護師
・相談電話番号／
　#8000（プッシュ回線の固定電話、携帯電話用）
　TEL022-212-9390（プッシュ回線以外の固定電話など用）
　※相談はあくまでも助言であり、診療ではない
問／医療政策課 TEL022-211-2622

みやぎけんこどもの救急ガイドブック

子どもの急な発熱やけがなどについて、症

みやぎけん
第2版
こどもの救急ガイドブック

発行 宮城県

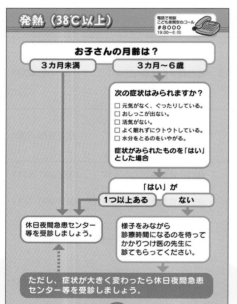

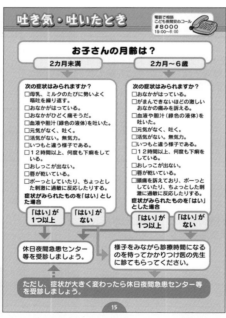

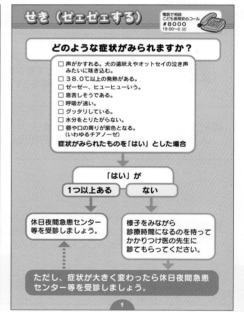

状別に医療施設へのかかり方のおおよその目安や家庭での対処法、医師にかかるときに伝えることなどをまとめたガイドブック。生後1カ月〜6歳ぐらいの乳幼児で、夜間や休日の急病を想定している。

症状別に○発熱（38℃以上）○新型インフルエンザ ○けいれん・ふるえ ○せき（ゼェゼェする）○腹痛・便秘 ○下痢 ○吐き気・吐いたとき ○誤飲（変なものを飲み込んだ）○やけど ○頭を打った といったページに分かれている。

症状・状態に応じたフローチャート方式で、例えば夜間・休日に今すぐ受診した方がいいのか、それとも様子を見ながら診療時間になるのを待ち、かかりつけ医に診てもらう方がいいのか、判断の目安になる。

もちろん家庭での対処法や医師に伝える際のポイントなども紹介し、日頃から目を通すことでいざというときでも慌てず、確実な対応につながりそうだ。ガイドブックは県ウェブサイトからダウンロードできる。
問／医療政策課 TEL022-211-2622

休日当番医制と休日・夜間急患センター

休日や夜間には地域の診療所などが当番で治療を行っている。また、県内では4カ所の休日・夜間急患センターが小児急患を診療している。地域ごとに診療所などの当番日や診療時間が異なるので、新聞や市町村の広報紙、県のウェブサイトなどで確認しよう。

みやぎのお医者さんガイド

県では、医療を受ける人が医療機関の選択を適切に行うことに役立ててもらおうと、県内の医療機関の情報を「みやぎのお医者さんガイド」としてウェブサイトで公開している。

「○○市の☆☆診療科を知りたい」「今この時間に診療している医療機関を調べたい」「□□病院の院内サービスや費用負担、医療

の実績を知りたい」「24時間往診可能な医療機関は?」といった調べたい条件に合わせ、県内の医療機関を簡単に検索できる。

トップページには「医療機関基本検索」「急な症状や困った時」「いろいろな条件で探す」があり、それぞれさらに検索項目が細分化。「急な症状や困った時」の検索項目には「こどもの病気」があり、診療科として小児科や小児外科を掲げる医療機関が検索できる。追加検索項目として市区町村指定もできるので、必要とするエリアの医

休日・夜間急患センター

名称・所在地	電話番号	小児科の診療受付日時
仙台市夜間休日こども急病診療所 仙台市太白区あすと長町1-1-1（仙台市立病院1階）	022-247-7035	平　　日19:15〜翌7:00 土　　曜14:45〜翌7:00 日曜・祝日 9:45〜翌7:00
名取市休日夜間急患センター 名取市下余田字鹿島74-3	022-384-0001	土　　曜18:00〜21:00 （12月〜3月） 日曜・祝日 9:00〜16:30
塩釜地区休日急患診療センター 塩釜市錦町7-10	022-366-0630	土　　曜18:30〜21:30 日曜・祝日 8:45〜16:30
石巻市夜間急患センター 石巻市蛇田字西道下71	0225-94-5111	平　　日19:00〜22:00 土　　曜18:00〜翌7:00 日曜・祝日18:00〜翌6:00 （翌日が祝日の場合は翌7:00まで）

※診療時間には昼休みなどの時間帯が含まれているので、各医療機関に確認を

療機関に絞ることも可能だ。また「地図から探す」の検索項目からもエリアを絞って調べられる。

検索の結果、医療機関の名称、電話番号、診療時間、ウェブサイトの有無、特記事項が分かる（2024年4月から全国統一システムへ移行予定）。

子どもはもちろん、大人の急病時にも気軽に活用できそうだ。アドレスはhttps://miyagioishasan.pref.miyagi.jp
問／医療政策課 TEL022-211-2614

東北大学病院

宮城県立こども病院

子どもメンタルクリニック

子どもメンタルクリニックの待合室

「まなウェルみやぎ」にある宮城県子ども総合センターでは「子どもメンタルクリニック」を開設し、児童精神科外来診療を行っている。原則として中学3年生までが対象で、診療日は月～金曜（土・日曜、祝日、年末年始は休診）で完全予約制。大崎、石巻、気仙沼でも出張診療を行っており、いずれも保険診療。

また、診療の一環として、小・中学生を対象に「子どもデイケア」（児童思春期精神科デイケア）も開設している。
問／子ども総合センター
　　TEL022-784-3576

宮城県アレルギー疾患医療拠点病院

アレルギー疾患は乳児期から高齢者まで、国民の約2人に1人が罹患（りかん）している

といわれ、患者数は近年増加傾向にあり、大きな問題となっている。県ではアレルギー疾患を有する人が、住んでいる地域にかかわらず、等しく適切な医療を受けられるよう、アレルギー疾患対策の中心的な役割を担う「宮城県アレルギー疾患医療拠点病院」を2018年8月1日に指定した。

拠点病院
国立大学法人東北大学 東北大学病院（仙台市青葉区）
地方独立行政法人 宮城県立こども病院（仙台市青葉区）

拠点病院の役割
①重症および難治性アレルギー疾患の正確な診断・治療・管理
②患者やその家族、地域住民に対する講習会の開催や適切な情報の提供
③医療従事者等に対する人材育成
④アレルギー疾患の実情を継続的に把握す

るための調査・分析
⑤学校・児童福祉施設等におけるアレルギー疾患対応への助言・支援
問／疾病・感染症対策課
　　TEL022-211-2465

まずは家族の観察と判断 「これは」と思ったら素早く病院へ

子どもも大人もかかる病気があれば、子どもならではの疾患もある。加えて体や心の発達、思わぬけがなど、子どもが医療機関の世話になる機会は思いのほか多い。

特に乳幼児期は話すことができなかったり、まだ会話が片言だったりと自分の不調を具体的に訴えることができない。年齢が低いほど身体の抵抗力が弱く、病態が急変する可能性も高い。

家族の観察と判断が何よりも重要だ。分かりやすく、かつ、ありがちな症状としては熱、嘔吐（おうと）、衰弱、けいれんなどがある。症状は単独なのか、それとも複合的か、程度はどれくらいかなどを目安にしよう。呼吸の状態も要チェック。

全身状態チェック 早めに日中受診も

熱の場合、子どもは平熱が高く個人差もあるので、熱が高いからといって必ずしも重篤な状態ではないケースが多い。しかし、全身状態が普段と明らかに異なる場合は受診した方がいい。

感染性の疾患で、子どもの夜間や休日の受診が多いのも事実。症状悪化に先立ち「なんか、だるそう」など、軽い症状が先に出ていることもある。ある程度様子を見ても改善する気配がなさそうなら、むしろ日中の受診がお勧めだ。

何度も吐いたり、衰弱して目の周りがくぼんでいたり、または呼吸が変、けいれんしているといった症状が見られるときは、急いで受診を。病気によるものではなく、頭や胸の打撲が原因の場合がある。

発熱時に現れやすい 熱性けいれんとは

乳幼児期（生後6カ月〜5歳ぐらい）に起こりやすい症状の一つに、熱性けいれんがある。1歳前後が発熱時（38度以上）に引き

起こしやすく、子どものけいれんの中で最も多いとされる。原因は不明だが、遺伝的要因（親がかかったことがある）や発育途中の脳に熱が加わったことで異常を引き起こすのではないかとみられる。

インフルエンザや突発性発疹症などにかかったときに発症リスクが高まり、発熱後24時間以内にけいれんを引き起こすのがほとんど。嘔吐や下痢はないという。通常は5分程度で収まるが、10分以上継続したり、一日に何度か繰り返したりすることもあり、このような場合は重篤だ。髄膜炎や脳炎といった可能性もあるので、まずはけいれん初期の状態を観察した上で、すぐに収まる気配がなければ救急車の要請を。

「子どもの総合医」に まずは診てもらおう

子どもが特にお世話になりやすい診療科は、小児科、耳鼻咽喉科、皮膚科など。中でも小児科は「子どもの総合医」で新生児から中学3年生（15歳）までが対象。少子化や激務などを背景に、近年、特に地方での小児科医の減少が懸念されている。

耳鼻科は中耳炎などで、皮膚科はアトピー性皮膚炎などでお世話になりやすい。ほかにも目の病気や視力の問題で眼科、けがで外科にかかることもある。一般的な病気の場合、まずは総合医の小児科に診ても

らおう。より高度な診察が必要なときは専門の診療科を紹介してくれる。

近年は医療の専門化や高度化が進み、診療科ごとの独自性が以前にも増して高まった一方、地域連携医療が図られている。歯科分野にも「小児歯科」があり、専門性を高めている。

自宅最寄りの小児科医院はもちろん、子どもの病気（特に持病や慢性疾患）に応じた診療科の医院がどこにあるのかなど、日頃から把握しておくことが大切だ。

「かかりつけ医」は大切 ぜひ見つけよう

子どもだけではなく、大人にもいえることだが「かかりつけ医」を見つけよう。特に子どもは、診察という折々のタイミングで、病気そのものはもちろん成長や発達、生活環境の変化も見渡してもらえる。

かかりつけ医は、子どもの体質や病歴などを把握しているので、継続的でより的確な診察が期待できる。子どもの場合、年齢や成長過程でかかりやすい病気があり、合併症や後遺症を引き起こすケースもある。

そんなとき、かかりつけ医が子どもの成長や発達、体質などを踏まえて全体を見渡せるのは、診察の幅が広がることを意味する。親にとっても気軽に相談できる、かかりつけ医がいるのは大きな安心につながる。

Life Plan Education

あなたと一緒に、"未来の安心"を考える

誰もが不安のない充実した人生を送りたいと考えています。
社会保障の制度を理解することや自助努力を学習することは
未来の安心を実現するうえでとても大切なこと。
しかしながら、教えてくれる場が少ないのも現実です。
「公的な制度を知ってもらいたい」
「適切な自助努力をしてもらいたい」
そんな想いで、Life Plan Education はスタートしました。

私たちは未来の安心のための生活設計（Life Plan）を教育（Education）を通し実践へと導きます。
ぜひ、私どものサービスをご活用いただき、安心未来のための一歩を踏み出してください。

遺族年金セミナー（後援/仙台市教育
委員会）の他に、老齢年金セミナー、
ライフプランコンサルティングも
行っております。
グループ・団体での受講の場合、
出張セミナーも承りますので、
お電話で、お気軽にご相談ください。

詳しい内容や
日程は
こちらから

遺族年金セミナーの主な内容

Chapter 1.
　公的保険と
　民間保険の役割
Chapter 2.
　公的年金制度の概要と
　遺族年金のしくみ
Chapter 3.
　必要保障の考え方
Chapter 4.
　民間保険の正しい利用法

 Life Plan Education
ライフ プラン エデュケーション
一般社団法人ライフプランエデュケーション

〒983-0852 仙台市宮城野区榴岡4-13-1 サン・アドバンスビル7F
TEL022-290-3099　Email seminar.n.y@gmail.com
https://lifeplan-edu.com

仙台エリア

子育て行政サービス

仙台市

〒980-8671
仙台市青葉区国分町3-7-1
TEL022-261-1111
人　口／109万8130人
世帯数／54万5506世帯
面　積／786.35平方㌔
（2023年11月1日現在）

のびすく仙台キャラクター
いくぞう

【休日当番医】
●小児科・整形外科
　日曜・祝休日9:00～16:00

●夜間休日こども急病診療所
　（小児科）
　TEL022-247-7035

 相談窓口

●子育て何でも電話相談
　授乳、離乳食、身体の発達、しつけといった子育てに関する相談に電話で応じる。市内在住で0歳～小学校低学年の子どもをもつ保護者が対象。
相談時間／祝日、年末年始を除く月～金曜
　　　　　8:30～17:00
窓口・問／こども若者局こども若者相談支援
　　　　　センター
　　　　　TEL022-216-1152

●子育て何でも面接相談
　授乳、離乳食、身体の発達、しつけといった子育てに関する相談に面接で応じ、家庭での子育てを支援する。相談の内容により継続して対応するとともに、必要に応じて専門機関を紹介する。市内在住の保護者が対象。
相談時間／祝日、年末年始を除く月～金曜
　　　　　8:30～18:00
窓口・問／こども若者局こども若者相談支援
　　　　　センター
　　　　　TEL022-214-8602

●子ども若者面接相談
　学校生活、対人関係、精神的不安、不登校や引きこもりといった子ども・若者自身や保護者の悩みに関する相談に面接で応じ、問題の整理や助言を行う。相談の内容により継続して対応するとともに、必要に応じて専門機関を紹介する。市内在住または市内に通勤・通学している39歳までの子ども・若者やその保護者が対象。
相談時間／祝日、年末年始を除く月～金曜
　　　　　8:30～18:00
窓口・問／こども若者局こども若者相談支援
　　　　　センター
　　　　　TEL022-214-8602

●子ども若者メール相談
　子育てに関する悩み、子どもや若者の不安や悩み事について電子メールでの相談に応じる。市内在住の保護者、市内在住または市内に通勤・通学している子ども・若者と保護者が対象。
問／こども若者局こども若者相談支援
　　センター
　　kodomo@city.sendai.jp

●親子こころの相談室
　市内に住む18歳未満の子どもと保護者を対象に、家庭や保育場面・学校での子どもの行動面の心配、育児の不安などについて児童心理司、保健師が相談を受ける。必要に応じて嘱託医による相談や医療機関等についての情報提供も行う。予約制で費用は無料。
面接時間／祝日、年末年始を除く月～金曜
　　　　　8:30～17:00
予約・問／こども若者局児童相談所相談指
　　　　　導課親子こころの相談室
　　　　　TEL022-219-5220

●子供家庭総合相談
　「子育てについて悩んでいる」「子どもの発育や発達について相談したい」「ひとり親家庭で困っている」「家庭内のことを誰に相談したらよいか分からない」など、子どもや家庭の保健と福祉に関しての相談に総合的に応じる。直接お住まいの区の区役所家庭健康課・青葉区宮城総合支所保健福祉課に来庁するか電話を。
相談時間／祝日、年末年始を除く月～金曜
　　　　　8:30～17:00
窓口・問／
青葉区役所家庭健康課 TEL022-225-7211
青葉区宮城総合支所保健福祉課
TEL022-392-2111
宮城野区役所家庭健康課
TEL022-291-2111
若林区役所家庭健康課 TEL022-282-1111
太白区役所家庭健康課 TEL022-247-1111
泉区役所家庭健康課　TEL022-372-3111

●発達相談
　発達について心配のある本人または家族の相談に応じる（要予約）。
相談時間／祝日、年末年始を除く月～金曜
　　　　　8:30～17:00
窓口・問／仙台市北部発達相談支援センター
　　　　　（青葉区・宮城野区・泉区在住の方）
　　　　　TEL022-375-0110
　　　　　仙台市南部発達相談支援センター
　　　　　（若林区・太白区在住の方）
　　　　　TEL022-247-3801

●不登校・引きこもり等
　引きこもり傾向のある子どもの家庭を訪問し興味関心に合わせた活動を行い、外に目が向けられるよう支援。保護者の相談にも応じる。
活動曜日・時間／月～金曜10:00～16:00（原則として週1回1～2時間程度の活動）

せんだいみやぎ 子ども・子育て相談

　「面談では相談しにくい」「友達や家族には相談できない」など、子育て・家庭・親子関係などの悩みを持つ方が気軽に相談できるよう、LINE(ライン) を活用した相談窓口を開設している。仙台市内在住の子どもおよびその保護者などが対象。
相談時間／月～土曜9:00～20:00（年末年始を除く）
登録方法／二次元コードをLINEアプリで読み取り「せんだいみやぎ子ども・子育て相談」を友だち追加してご利用ください。

新生児誕生祝福事業「杜っ子のびすくプレゼント」

仙台市新生児誕生祝福事業
杜っ子のびすく
プレゼント

※事業内容は45ページを参照

窓口・問／適応指導センター「児遊の杜」
　　TEL022-773-4150
●教育相談
　児童生徒の学校生活における悩みや保護者の養育上の悩み、生徒指導上の諸問題についての相談に応じ、関係機関との連携や相談者へ助言を行う。来室または電話で相談を。
窓口・問／教育局教育相談室
　　TEL022-214-0002
●特別支援教育に関する相談
　障害のある子どもの学びの場について、担当の指導主事が相談に応じる。
窓口・問／教育局特別支援教育課
　　TEL022-214-8879
●非行・性格行動に関しての相談
　児童生徒の非行・性格行動に関して担当の指導主事が相談に応じる。
窓口・問／教育局教育相談課
　　TEL022-214-8878
●養育・非行・性格行動・虐待に関する相談
　専門の相談員が対応。心理判定なども実施する。
窓口・問／こども若者局児童相談所
　　TEL022-718-2580
　　児童相談所虐待対応ダイヤル
　　TEL189
●子ども若者電話相談・ヤングケアラー相談
　学校生活、対人関係、精神的不安、不登校、ヤングケアラーや引きこもりのこと、将来の不安や働いてみたいけど自信がないなどの相談に、24時間365日電話で応じる。市内在住または市内に通勤・通学している小学校高学年～39歳までの子ども・若者やその保護者が対象。
相談時間／24時間365日
窓口・問／こども若者局こども若者相談支援センター
　　TEL0120-783-017
●「ふれあい広場」での居場所支援、就学・就労支援
　「学校に行けない」「学校に行っても安らげない」「日中の居場所がほしい」という青少年が、日常的に通所して活動できる居場所として「ふれあい広場」を設置し支援を行う。また、高校での学び直しや就労への意欲が高まった通所者への就学・就労支援を行う。市

内在住または通勤・通学している小学校高学年～おおむね20歳までの青少年が対象。
活動曜日・時間／
祝日、年末年始を除く月～金曜9:30～16:00
窓口・問／こども若者局こども若者相談支援センター
　　TEL022-214-8602
●子どものこころの相談室
　各区保健福祉センターで開設している。市内在住の18歳未満の子どもと保護者を対象に、こころのケアについて、児童精神科医や臨床心理士などの専門スタッフが相談に応じる。事前予約制。

窓口・問／
青葉区役所家庭健康課 TEL022-225-7211
宮城野区役所家庭健康課 TEL022-291-2111
若林区役所家庭健康課 TEL022-282-1111
太白区役所家庭健康課 TEL022-247-1111
泉区役所家庭健康課 TEL022-372-3111
●こころの相談
　年齢を問わず、こころの悩みについて相談担当職員（心理職、保健師、精神保健福祉士

など）が相談に応じる。事前予約制。
窓口・問／精神保健福祉総合センター
　　（はあとぽーと仙台）
　　TEL022-265-2191
●ひとり親の相談
　ひとり親の方の生活全般の悩みなど、自立に向けた総合的な相談に応じる。
窓口・問／
仙台市母子家庭相談支援センター
TEL022-212-4322
祝日、休館日を除く火曜11:00～19:00、水～土曜9:00～17:00
仙台市父子家庭相談支援センター
TEL022-302-3663
祝日、年末年始を除く月～金曜18:00～20:00

一時預かり

●保育所等の一時預かり
　パート勤務、疾病、冠婚葬祭や心理的・肉体的負担解消などの理由により、保護者が一時的に子どもの保育ができないとき、また就労などにより月64時間以上子どもの保育ができないときに、市内の保育所などで子ども

を預かる。市内に居住し、保育所などの入所の対象とならない健康な就学前の子どもが利用できる。

利用定員／各施設によって異なる。詳しくは各施設に確認を

保護者負担費用／
3歳未満児…日額2400円（半日利用の場合1200円）、3歳以上児…1200円（半日利用の場合600円）
※生活保護世帯および市民税非課税世帯は無料
※保護者負担分のほかに給食などをとった場合は日額300円を別途負担する

保育時間／日曜、祝日、年末年始などを除く7:30ごろ〜18:00ごろ（受け付けは8:30ごろ〜17:00ごろ）
※時間は施設により異なる。詳しくは各施設に確認を

問／こども若者局幼保企画課
　　TEL022-214-8753

●保育所等の休日保育
　保護者が就労、疾病などにより、日曜、祝日などに保育を必要とするときに、保育所などで子どもを預かる。市内に居住し、日曜、祝日などに保育を必要とする健康な就学前の子どもが利用できる。

保護者負担費用／
3歳未満児…日額3200円（半日利用の場合は1600円）、3歳以上児…1600円（半日利用の場合は800円）
※生活保護世帯および市民税非課税世帯のほか、2号または3号の保育認定を受けて保育所などを利用しており、休日保育を利用する代わりに普段利用している保育所などを利用しない日を平日に設ける場合は無料
※保護者負担分のほかに間食代として日額200円程度を別途負担する

保育時間／7:00ごろ〜18:00ごろ
※時間は施設により異なる。詳しくは各施設に確認を

問／こども若者局幼保企画課
　　TEL022-214-8753

●子育て支援ショートステイ
　病気やけが、家族の看護、冠婚葬祭、出張や超過勤務などで養育が一時的に困難に

なったとき、児童福祉施設で小学6年生までの子どもを預かる。（施設の状況により、お断りする場合あり）

利用期間／1回につき7日間まで。短期間に数回利用する場合は1カ月に10日以内

利用料金／1日当たり2歳未満児…5350円　2歳以上児…2750円
※生活保護世帯・母子家庭・父子家庭・養育者家庭・市民税非課税世帯の方は利用料が軽減される

実施施設／乳児院（2歳未満）…宮城県済生会みやぎ乳児院、丘の家乳幼児ホーム
　　　　　児童養護施設（2歳以上）…丘の家子どもホーム、ラ・サール・ホーム、仙台天使園、小百合園

問／青葉区役所家庭健康課
　　TEL022-225-7211
　　青葉区宮城総合支所保健福祉課
　　TEL022-392-2111
　　宮城野区役所家庭健康課
　　TEL022-291-2111
　　若林区役所家庭健康課
　　TEL022-282-1111
　　太白区役所家庭健康課
　　TEL022-247-1111
　　泉区役所家庭健康課
　　TEL022-372-3111

●病児・病後児保育
　当面病状の急変は認められないが回復期には至っていない状態、または病気の回復期にあり、集団保育が困難な場合で、保護者の勤務の都合や疾病、冠婚葬祭などで家庭で保育が困難な子どもを預かる。

利用対象者／市内在住でおおむね6カ月から小学6年生までの子ども

利用料金／1日当たり2000円（給食費、医療費、移送費など別途）
※生活保護受給世帯および市民税非課税世帯は、申請に基づき利用料金が減免される

申し込み方法など／実施施設に事前に登録が必要。施設により休業日などが異なる。詳しくは実施施設に確認を

実施施設（委託先）／
てらさわ小児科（杉の子ルーム）
仙台市青葉区中山2-26-20
TEL022-303-1519
すずき整形外科・小児科内科
仙台市太白区長町南3-35-1
TEL022-248-1665
こん小児科クリニック
〈komorebi（こもれび）保育室〉
仙台市泉区八乙女中央2-4-25
TEL022-725-7566
幼保連携型認定こども園
仙台保育園病児・病後児保育室「ぱんだ」
仙台市若林区南鍛冶町96-8
TEL022-395-7201
わくわくモリモリ保育所
仙台市青葉区五橋1-6-2 KJビル3階
TEL022-797-3981

問／こども若者局幼保企画課
　　TEL022-214-8753

🎹 子育て世帯訪問支援事業（旧 育児ヘルプサービス）

　出産後の体調不良などにより家事や育児が困難な家庭にヘルパーを派遣し、食事の準備や後片付け、住居などの掃除、生活必需品の買い物などの家事や授乳、おむつ交換、沐浴（もくよく）介助といった育児の支援を行う。

利用できる家庭／
市内在住で出産後や体調不良などのため、家事や育児が困難な家庭および小児慢性特定疾病の認定を受けている児童がいる家庭

利用できる期間（回数）／
出産後1年以内の期間で通常20回以内（多胎児の場合は30回以内）。小児慢性特定疾病の認定を受けている児童がいる家庭の場合、初回利用日から1年以内

利用できる時間（回数）／
年末年始を除く9:00〜18:00、1日1回まで。1回につき2時間まで（1時間単位）

利用料金／1時間当たり600円（所得の状況に応じて減額される）

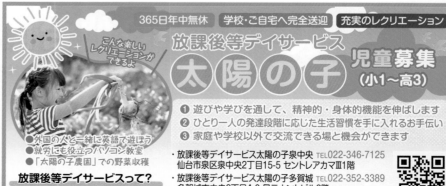

のびすく（子育てふれあいプラザ等）

「のびすく仙台」「のびすく宮城野」「のびすく若林」「のびすく長町南」「のびすく泉中央」の5館において、子育てを総合的に支援している。

対象／主に乳幼児とその家族
　　　（のびすく泉中央4階は中学生や高校生、子育て支援者向け施設）

利用できるサービス／

●ひろば…乳幼児親子の交流スペース。遊び場、飲食スペース、授乳室、情報コーナーなどを備え、絵本の読み聞かせ会やサロン、お誕生会、グループ相談などさまざまなイベントを開催。父親やプレパパママを対象としたイベントも行っている。

●一時預かり（有料）…通院や買い物、美容院、リフレッシュなど理由を問わず利用できる。生後6カ月〜未就学児が対象。希望日の1カ月前から受け付ける（先着順）。空きがあれば当日でも利用可能。子ども1人当たり1時間600円（以後30分ごとに300円）。

●情報収集・提供…市内の幼稚園・保育園情報やイベント、子育て支援団体などのちらしを設置。毎月、のびすくのイベントなどを掲載した通信も発行している。

●子育て支援活動の連携・支援…子育て支援に関係する機関・団体と連携し、子育て支援者向けの研修や、ボランティア育成など、さまざまな取り組みを行っている。

親子の交流スペース「ひろば」（のびすく仙台）

CHECK

●のびすく子育てコーディネーター（NoKoCo）

のびすくには、子育て支援の豊富な知識と経験を持った専門の相談員「のびすく子育てコーディネーターNoKoCo（のここ）」を配置している。「子育てのいらいらを誰かに聞いてほしい」「産後が不安」「幼稚園や保育所の情報が知りたい」などの子育てに関する相談や情報提供、関係機関・事業とのつながりを支援。ひろばで子どもを遊ばせながらの相談もOK。相談は無料、相談内容について秘密は厳守する。

気軽にご相談ください♪

●のびすく仙台
仙台市青葉区中央2-10-24
仙台市ガス局ショールーム3階
開館時間／9:30〜17:00
　　　　　（一時預かりは16:30まで）
休／月曜、祝日の翌日
　　（土・日曜、祝日は開館）、年末年始
TEL022-726-6181

●のびすく宮城野
仙台市宮城野区五輪2-12-70 原町児童館内
宮城野区文化センター等複合施設1階
開館時間／9:00〜18:00
　　（土曜は17:00まで。一時預かりは平日17:30、土曜16:30まで）
休／日曜、祝日、年末年始
TEL022-352-9813

●のびすく若林
仙台市若林区保春院前丁3-1
若林区中央市民センター別棟等 複合施設2階
開館時間／
9:00〜17:00（一時預かりは16:30まで）
休／月曜、祝日の翌日
　　（土・日曜、祝日は開館）、年末年始
TEL022-282-1516

●のびすく長町南
仙台市太白区長町7-20-5
ララガーデン長町5階
開館時間／9:30〜17:00
　　　　　（一時預かりは16:30まで）
休／月曜、祝日の翌日
　　（土・日曜、祝日は開館）、年末年始
TEL022-399-7705

●のびすく泉中央
仙台市泉区泉中央1-8-6
泉図書館・のびすく泉中央3・4階
開館時間／9:30〜17:00
　　　　　（一時預かりは16:30まで）
休／月曜、祝日の翌日
　　（土・日曜、祝日は開館）、年末年始
TEL022-772-7341

問／青葉区役所家庭健康課
　　TEL022-225-7211
　　青葉区宮城総合支所保健福祉課
　　TEL022-392-2111
　　宮城野区役所家庭健康課
　　TEL022-291-2111
　　若林区役所家庭健康課
　　TEL022-282-1111
　　太白区役所家庭健康課
　　TEL022-247-1111
　　太白区秋保総合支所保健福祉課
　　TEL022-399-2111
　　泉区役所家庭健康課
　　TEL022-372-3111

産後ケア事業

　産後に心身の不調または育児不安があるなど、育児支援が必要な母子を対象に、心身のケアや育児のサポートなどを行い、産後も安心して子育てができる支援体制の確保を図る。
利用できる方／
利用時に市内に住所のある、次の①～③全てに該当する産後1年未満（宿泊型を希望する場合は産後4カ月未満）の産婦とその乳児
①出産後、心身の不調や育児不安などがある
②家族などから家事や育児などの十分な支援が得られない
③母子ともに入院治療が必要と判断されていない
※子どもが早産で生まれた場合の利用可能期間は問い合わせを
サービスの内容・利用料金／
宿泊型…1日当たり5500円
　　　　（1泊2日は2日間と数える）
デイサービス型…1日当たり3200円
訪問型（相談型）…1日当たり2000円
訪問型（リフレッシュ型）…1日当たり3800円
※いずれも所得の状況に応じて減額される

利用できる日数／
宿泊型、デイサービス型、訪問型それぞれ最大7日まで（多胎産婦の場合は、それぞれ最大10日まで）
※詳しくは、仙台市ウェブサイトで確認すること
問／青葉区役所家庭健康課
　　TEL022-225-7211
　　青葉区宮城総合支所保健福祉課
　　TEL022-392-2111
　　宮城野区役所家庭健康課
　　TEL022-291-2111
　　若林区役所家庭健康課
　　TEL022-282-1111
　　太白区役所家庭健康課
　　TEL022-247-1111
　　太白区秋保総合支所保健福祉課
　　TEL022-399-2111
　　泉区役所家庭健康課
　　TEL022-372-3111

児童館・児童センター

　遊びを通して子どもたちの健康を増進し、情操を豊かにすることを目的とした施設。子どもたちの自由な遊び場であり、乳幼児のいる親子の交流の場にもなっている。全ての児童館・児童センターで、小・中学生はもちろん、乳幼児連れの親子も利用可能であり、放課後児童クラブの場としても利用されている。2023年度現在、以下の10カ所の児童館・児童センターでは、乳幼児連れの親子が利用しやすいよう、専用のスペースを確保している。

住吉台児童センター

松陵児童センター

●台原児童館
　仙台市青葉区台原5-2-5
　TEL022-233-5420
●長町児童館
　仙台市太白区長町5-3-2
　TEL022-304-2743

●東四郎丸児童館
　仙台市太白区四郎丸字大宮26-10
　TEL022-242-2845
●松陵児童センター
　仙台市泉区松陵3-28-2
　TEL022-372-7907
※大規模改修工事のため休止中

●住吉台児童センター
　仙台市泉区住吉台西4-2-3
　TEL022-376-5969
●虹の丘児童センター
　仙台市泉区虹の丘1-9-5
　TEL022-373-3510
●吉成児童館
　仙台市青葉区国見ヶ丘2-2-1
　TEL022-279-2033

●小松島児童館
　仙台市青葉区小松島2-1-8
　TEL022-728-5682
●新田児童館
　仙台市宮城野区新田2-22-38
　TEL022-783-7848
●荒町児童館
　仙台市若林区荒町86-2
　TEL022-266-6023

新生児誕生祝福事業

仙台で生まれ育つお子さんの誕生を祝い、育児用品、子育て家庭が利用できるサービス、仙台ゆかりの品などが選べる3万円相当のカタログギフトを送付する。対象となる方には案内状を郵送。
問／こども若者局子育て応援プロジェクト推進担当
TEL022-214-2129

仙台すくすくサポート事業

仙台市が事務局（アドバイザー）として運営する、子どもを預かってほしい「利用会員」と子どもを預かることができる「協力会員」が互いに信頼関係を築きながら子どもを預け・預かる子育て支援活動。
利用するためには会員登録（登録無料）が必要。
●会員になれる方
利用会員／
市内在住で、おおむね生後2カ月〜小学6年生の子どもがいる方
協力会員／
市内在住の20歳以上の心身ともに健康で、安全に子どもを預かることができる方。事務局が主催する面接と協力会員講習会の受講も必要
※有資格者（保育士、幼稚園教員、保健師、看護師など）でおおむね3年以内にその職に就いていた方は、協力会員講習会の受講を一部免除されることがある
両方会員／
「利用会員」と「協力会員」の両方を兼ねる方
問／仙台すくすくサポート事業事務局
TEL022-214-5001

助成・補助

●子ども医療費助成
対象の子どもに対し、保険診療の自己負担額から利用者一部負担金を除いた分を助成する（生活保護受給者を除く）。制度の利用には資格登録が必要。なお、2023年4月から所得制限を廃止し、一定以上の所得がある場合も対象となっているため、未登録の方は早めの申請を。
助成対象／
市内在住の中学3年生までの子ども
利用者一部負担額／
・通院の場合
0歳〜未就学児（6歳到達年度末まで）…無料
小学1年〜中学3年生…初診時500円、再診時無料
・入院の場合
0歳〜未就学児（6歳到達年度末まで）…無料
小学1年〜中学3年生…1回の入院につき10日目まで1日500円（11日目以降無料）
※入院中の食事にかかる負担金は助成対象外
問／青葉区役所保育給付課
TEL022-225-7211
青葉区宮城総合支所保健福祉課
TEL022-392-2111
宮城野区役所保育給付課
TEL022-291-2111
若林区役所保育給付課
TEL022-282-1111
太白区役所保育給付課
TEL022-247-1111
太白区秋保総合支所保健福祉課
TEL022-399-2111
泉区役所保育給付課
TEL022-372-3111

●定期予防接種の実施
ヒブ（Hib）感染症、小児の肺炎球菌感染症、B型肝炎、ロタウイルス感染症、4種混合（ジフテリア・百日咳・破傷風・不活化ポリオ）、BCG、麻しん・風しん混合、水痘、日本脳炎、2種混合（ジフテリア・破傷風）、HPV感染症（子宮頸がん予防）などの予防接種を定められた時期に無料で実施する。定められた時期以外の接種は自己負担。申し込み時期や手続きはワクチンにより異なる。
問／健康福祉局感染症対策室
TEL022-214-8452

●風しん抗体検査
風しんは、発熱や発疹などの症状が現れる。成人がかかると症状が重くなったり、妊婦がかかることで、胎内で感染して目や耳、心臓に障害のある子どもが生まれることがある。風しんから自身と周りの人を守るために、まずは抗体検査を受け、必要であれば予防接種の検討を。
対象／
①1962（昭和37）年4月2日から1979（昭和54）年4月1日までに生まれた男性のうち、次の要件を全て満たす方
・過去に風しんにかかった記録のない方
・過去に風しんの予防接種を受けた記録のない方
・2014（平成26）年4月1日以降に風しん抗体検査を受けた結果の記録のない方
※その他、条件により検査を受けることができる場合がある。詳しくは問い合わせを
②次のいずれかに該当する方（過去に風しん抗体検査を受けた結果、十分な風しんの抗体があることが判明している方を除く）
・妊娠を希望する19歳から49歳までの女性
・「風しんの抗体価が低いことが判明している妊婦」の同居者
・「風しんの予防接種履歴があり、かつ、風しんの抗体価が低いことが判明している妊娠を希望する19歳から49歳までの女性」の同居者
内容／検査費用は無料。医療機関にて、採血による風しん抗体検査を実施し、結果は約1週間後にお知らせ
※①について、風しん抗体検査の結果が陰性の方については、無料で予防接種を受けることができる
問／健康福祉局感染症対策室
TEL022-214-8452

●おたふくかぜ予防接種費用の一部助成
任意の予防接種である「おたふくかぜワクチン」の接種費用の一部を助成する。
自己負担額（登録医療機関で支払う金額）／
1〜3歳未満（1歳の誕生日の前日から3歳の誕生日の前日まで）2500円
※生活保護世帯や市民税非課税世帯に属する方は無料
助成回数／1回
問／健康福祉局感染症対策室
TEL022-214-8452

●里帰り出産等に伴う定期予防接種の費用助成

定期予防接種実施日に仙台市に住民登録のある子どもを対象に、里帰り出産などで県外の医療機関で定期予防接種を実施した場合、その定期予防接種にかかった費用の一部を助成する。

対象／事前に定期予防接種実施依頼書の発行を受けた方
申請期限／定期予防接種実施日から1年間
問／健康福祉局感染症対策室
　　TEL022-214-8452

●里帰り出産等に伴う妊産婦健康診査・新生児聴覚検査の費用助成

健診・検査実施日に仙台市に住民登録のある妊産婦を対象に、里帰り出産などで県外の病院や助産所など、委託機関以外で健診・検査を実施した場合、かかった費用の一部を助成する。(産婦健診ではEPDS※をはじめとしたツールを用いた客観的なアセスメントの実施が必要)

対象となるもの／
公費負担と認められた健康診査・新生児聴覚検査にかかった費用
申請期限／出産日から1年未満まで(生まれた子が1歳になる誕生日の前日まで)
＜対象とならないもの＞
1.日本国外での健診費用
2.保険適用診療分の費用
3.テキスト代や物品代など、定期の健診費用以外にかかる費用
4.県内の医療機関で受診した健診費用
5.妊娠しているかどうか調べるための検査費用
※EPDS (エジンバラ産後うつ病質問票)による問診を医療機関で受け、産後のこころの不調を確認する
問／こども若者局こども家庭保健課
　　TEL022-214-8189

●フッ化物歯面塗布助成事業

生後8カ月から1歳6カ月を迎える前日までの乳幼児を対象に、登録歯科医療機関でフッ化物歯面塗布を受ける費用を1回分助成する。

問／青葉区役所家庭健康課
　　TEL022-225-7211

▲パパ向けの行事も開催 (のびすく宮城野)

▶親子で楽しく交流
　(のびすく長町南)

青葉区宮城総合支所保健福祉課
TEL022-392-2111
宮城野区役所家庭健康課
TEL022-291-2111
若林区役所家庭健康課
TEL022-282-1111
太白区役所家庭健康課
TEL022-247-1111
太白区秋保総合支所保健福祉課
TEL022-399-2111
泉区役所家庭健康課
TEL022-372-3111

基本的な視点
1.子どものすこやかな成長を支える取り組みの充実、子どもの安全・安心の確保
2.妊娠期から出産・子育て期にわたる切れ目のない支援の充実
3.地域社会全体で子どもの育ちと子育てを応援していく環境づくり

仙台市すこやか子育てプラン2020(2020～24年度)

子育てに関する負担の増加やさまざまな保育サービスなどのニーズに対応していくため、「子どもたちがすこやかに育つまち 子育てのよろこびを実感できるまち 仙台」を基本理念として2020年3月に策定。プランに掲げる各種事業 (380事業) の実施により、子どもの育ちと子育て家庭のための総合的な施策の推進に取り組んでいる。

問／こども若者局総務課
　　TEL022-214-8790

「仙台市すこやか子育てプラン2020」

■ 計画の体系

子ども

主な取り組み（基本的な視点1）

(1) 生きる力をはぐくむ教育の充実

○幼児教育の充実
幼稚園や保育所等における取り組みの推進など

○豊かな心・すこやかな体・確かな学力の育成
道徳教育、命を大切にする教育等の推進、体力・運動能力向上の取り組みの充実、きめ細かな指導による学習意欲の向上など

(2) 子どもの可能性が広がる体験と活動の場、遊びの環境の充実

○社会体験、自然体験など多様な体験・学習機会の充実
体験参加型の学びの場や読書環境の充実など

○遊びの環境の充実
遊びの機会の確保、遊びの環境に関する調査・研究など

○スポーツ・文化に親しむ環境づくり
スポーツ活動への参加の機会の拡大や芸術文化に親しむための環境づくりなど

○子ども・若者の居場所づくり、活動の場の充実
放課後児童クラブの充実など

(3) 子どもたちが安心して成長できる環境づくり

○児童虐待防止対策の充実
児童相談所の体制・機能の強化など

○いじめ防止等対策の総合的推進
学校内の体制の強化や教職員の対応力向上、社会全体で子どもたちをいじめから守るという意識の向上を図るための広報啓発など

○安全・安心な環境の確保
生活環境の安全確保、防犯対策、交通安全対策など

(4) 子ども・若者の自立等に向けた支援の充実

○不登校・ひきこもりへの支援の充実
不登校児童生徒等への居場所づくり、相談支援体制の充実など

○社会性の向上や就労等に向けた支援の充実
職業体験の機会の充実、就労支援の推進など

○代替養育を必要とする子どもへの支援の充実
児童養護施設の小規模化・地域分散化、里親支援の充実など

子育て家庭

主な取り組み（基本的な視点2）

(1) 子どもがすこやかに生まれ育つための保健・医療の充実

○母子保健の充実
妊産婦健康診査等や産後のサポート、子どもの発達に係る相談の充実など

○小児医療、学校保健の充実
在宅当番医制の実施、学校における保健教育の充実など

(2) 子育て負担軽減と家庭の子育て力向上のための取り組み

○子育てに関する不安・負担の軽減
相談機能の充実、地域における交流の場の充実など

○子育てに要する経済的負担の軽減
健康診査にかかる費用、小・中学校の給食費や学用品費等の援助、子ども医療費助成の拡充など

○子育てに関する情報提供・相談支援の充実
子ども・子育て家庭に対する総合的な支援体制の構築、育児に関する知識の習得・向上を図るための家庭教育の推進など

(3) 教育・保育基盤と幼児教育・保育サービス等の充実

○教育・保育基盤の整備
保育所や小規模保育事業の整備、認定こども園の普及など

○多様な保育サービス等の充実
延長保育や休日保育、病児・病後児保育等の充実など

○保育の質の確保・向上
教育・保育従事者の人材の確保・育成、研修の充実など

○幼児教育の充実（再掲）

(4) 個別のニーズに応じた子ども・子育て家庭への支援の充実

○子どもの貧困対策の推進
生活困窮世帯の子どもたちの居場所づくりなど

○ひとり親家庭等への支援の充実
さまざまな困難を抱える家庭への支援の充実

○障害のある子どもなどへの支援の充実
年齢や発達等に応じた相談支援の充実など

地域社会

主な取り組み（基本的な視点3）

(1) 身近な地域の子育て支援機能の充実

○多様な担い手による子育て支援ネットワークの強化
地域における子育て支援団体の活動支援、子どもと子育て家庭に関わるさまざまな支援者同士の連携の強化など

○地域における児童虐待防止対策の充実（一部再掲）
地域の関係機関や医療機関と連携した支援の充実など

○子どもの育ちと子育て家庭を支える人材の育成
日常的に子どもと接する施設の職員の資質の向上など

○身近な地域の子育て支援施設等の充実
のびすくや児童館のほか、幼稚園や保育所、認定こども園における子育て支援センター・支援室、学校等における相談機能の強化や交流の場・機会の充実など

(2) 仕事と子育ての両立支援の促進

○仕事と生活の調和（ワーク・ライフ・バランス）の実現に向けた家庭・企業等における取り組みの推進
リーフレットによる啓発、企業等の子育て支援の取り組みの促進など

○女性の就労継続・再就職の支援促進
講座の開催、女性の人材活用等に関する企業への働きかけなど

○男女がともに担う子育ての推進
父親の子育て参加を促進するための講座等の企画や啓発など

(3) 地域をあげて子ども・子育てを応援していく機運の醸成

○子育てを応援していく全市的な機運の醸成
子どもの権利の意識啓発、多様な主体間の連携の枠組みの構築など

○子育てを応援していく各種プロジェクトの展開
情報発信の充実、子ども・子育てを応援していくプロジェクトの企画・実施など

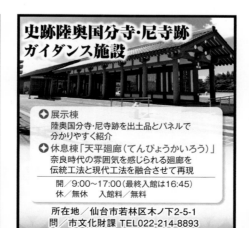

どこでもパスポート

入館の際に提示すると、仙台都市圏14市町村の小中学生は県内の一部を除く社会教育施設（都市圏以外の施設は利用可能期間あり）を無料で利用できる。在住または仙台都市圏の学校（私立、外国人学校を含む）に通っている小中学生が対象。パスポートは学校から配布される。
問／まちづくり政策局政策調整課
　　TEL022-214-0001

ひとり親サポートブック「うぇるびぃ」

ひとり親サポートブック「うぇるびぃ」

「うぇるびぃ」はひとり親の方に向けて相談機関や支援制度のことなどの情報を集めたひとり親サポートブック。「突然配偶者を失い、何をどうしたらいいのかわからない」「子どもの養育、教育のことで悩んでいる」「就職のため、技術を身に付けたい」「同じ境遇の方と知り合い、語り合いたい」など、さまざまな場面や状況に合わせた対処法やアドバイスを紹介している。
　冊子は区役所家庭健康課、総合支所保健福祉課、市役所本庁舎2階市政情報センターなどで配布している。
問／こども若者局こども支援給付課
　　TEL022-214-8180

のびすくスナップ②

▶絵本の読み聞かせを楽しむ親子（のびすく若林）

▲開放感いっぱい（のびすく泉中央）

子育てサポートブック「たのしねっと」

子育てサポートブック「たのしねっと」

出産や育児、各種相談窓口、幼稚園や保育所、児童館のことなど、子育てに関する情報を集めた冊子。母子健康手帳の交付時に配布するほか、市ウェブサイトでも閲覧できる。
問／こども若者局こども家庭保健課
　　TEL022-214-8606

祖父母手帳 ―つなげよう・広げよう「孫育て」―

[祖父母手帳]

育児の方法や考え方が時代とともに変化する中、子育て中の父母世代と祖父母世代がお互いに育児への理解を深め、共に楽しく育児に向き合うきっかけとなるように2017年度から発行している。各区役所家庭健康課・総合支所保健福祉課のほか、各区ののびすくなどで入手できる。市ウェブサイトでも閲覧することができる。
問／こども若者局こども家庭保健課
　　TEL022-214-8606

黒川エリア

子育て行政サービス

「住みたくなるまち日本一」を目指して

富谷市

〒981-3392
富谷市富谷坂松田30
TEL022-358-3111
人　口／5万2333人
世帯数／2万370世帯
面　積／49.18平方㎞
（2023年10月31日現在）

富谷市公式キャラクター
ブルベリッ娘とブルピヨ

【休日当番医】
●市ウェブサイトに情報を掲載

●公立黒川病院
　TEL022-345-3101

 とみや子育て支援センター
「とみここ」

　とみや子育て支援センター「とみここ」は、妊娠期から育児期までの切れ目ない支援を行う「子育て世代包括支援センター」（母子健康包括支援センター）として設置。
　主な業務は母子保健事業であり、妊娠期には専門職による母子健康手帳交付、プレママ・プレパパ学級、プレママコールにて妊娠期・出産期・育児期を安全に安心して迎え

られるよう包括的に切れ目ない支援を行っている。子育て期には新生児訪問、2カ月の赤ちゃんとママのおしゃべりサロン、乳幼児健康診査、月齢に合わせた離乳食教室、予防接種事業のほか、発達相談やすくすく相談などにて育児のちょっとした心配事や発達の不安など親子に寄り添う支援を実施。
　また、子育て支援事業として「とみここ通信」や子育て情報誌「はあと」を発行して子育て支援情報を発信、子育て講座の開催、月1、2回親子が集まって遊ぶ場「とみここ開放・あそびのひろば」を開き親子の交流支援も行っている。
問／とみや子育て支援センター
　　TEL022-343-5528

 とみや子育てファミリー・
サポート・センター

　子育てを地域で手伝い、支え合うための「子育ての支援を受けたい人（利用会員）」と「子育ての支援をしたい人（協力会員）」によ

る会員組織。市から委託を受けたセンターが活動のコーディネートを行う。
●活動内容
・保育園や児童クラブ、習い事などの送迎
・仕事や通院などの際に子どもを預かるなど
●対象
利用会員／
・市内に在住している人
・生後2カ月〜小学6年生の子どもの保護者
協力会員／
・市内に在住する20歳以上の人
・心身ともに健康な人
・支援活動に理解がある人
・協力会員は入会時に講習会を受講
※性別・資格は問わない
両方会員／
上記会員の両方を兼ねる人
●利用料（子ども1人を預ける場合）
・平日7:00〜19:00 1時間600円
・平日の上記以外の時間、土・日曜、祝日、年末年始 1時間700円
※送迎時の交通費、預かり時の食事代やおやつ代などは、別途利用会員が負担
問／とみや子育てファミリー・サポート・
　　センター（富谷市社会福祉協議会内）
　　TEL022-358-3981

♫ 放課後児童クラブ

　昼間、保護者が就労等で家庭にいない場合に市内の各児童クラブで小学1〜6年生を預かる。児童支援員（保育士などの有資格者）が児童の安全確保と管理に努めながら、遊びや仲間づくりを支援する。
開／月〜金曜 放課後〜19:00
　　土曜、学校休業日 8:00〜18:00
休／日曜、祝日、年末年始など

とみや子育て支援センター

50

利用料／・月10日以上の場合1カ月3000円
・月10日未満の場合1カ月1500円
・長期休業のみ利用の場合
年5000円
※多子軽減制度あり
※土曜延長利用の場合各1000円
追加
※利用案内と申請書は勤務先の証明などと
ともに提出が必要
実施場所／富谷小、富ケ丘小、東向陽台小、
あけの平小、日吉台小、成田東小、
成田小、明石台小
問／子育て支援課 TEL022-358-0516

とみや育児ヘルプサービス

出産後間もなく、家庭の事情で日中に家族
の支援が受けられず、家事や育児が困難な家
庭にヘルパーを派遣し、家事や育児の支援を
行う。
●対象／・市内に在住している人
・出産後2カ月以内の人
・日中家にいるのが子どもと母親の
みで、家事をする人がいない家庭
●サービス内容／
・オムツ交換、授乳、沐（もく）浴の手伝いなど
・調理、洗濯、住居の掃除や整理整頓、生活
必需品の買い出しなど
派遣回数／20回まで
利用時間／1日1回2時間以内
派遣日時／月〜金曜9:00〜17:00（祝日、年
末年始を除く）
利用料／1時間当たり300円
問／子育て支援課 TEL022-358-0516

富谷中央公民館「子育てサロン」

子育てしているみんなの居場所、交流の場。
室内で子どもたちはのびのびと遊び、お父さ
ん、お母さんたちはリラックスタイム。保育士
が常駐しているので、子育ての悩みなどの相
談もできる。スタッフと一緒に簡単な製作や
遊びが楽しめる「作ってあそぼう」、赤ちゃん
と触れ合い遊びや親同士の交流ができる「あ

かちゃんひろば」、親子で楽しめる触れ合い
遊び、ママのリフレッシュ、子育てに役立つ内
容を紹介する「子育て講座」「あかちゃんタイ
ム」や絵本の読み聞かせ・手遊び・体操の時
間などもある。
開／火〜土曜9:00〜15:00
利用料／無料
休／日・月曜、祝日、年末年始
問／子育てサロン TEL022-779-6981

富谷市乳児見守りおむつ等お届け便事業

2022年11月より、0歳児を育児中の家庭に
紙おむつ等を無償で届ける事業を開始した。
お届けの際に声掛けを行うことで、子育ての
不安を解消するとともに、子育て家庭の経済
的負担の軽減を図る。
●対象
下記の両方を満たす人
1. 申請日から配達時点において富谷市に住
民登録がある

2. 2022年4月1日以降に生まれた1歳末満
の乳児とその保護者
●配達期間
生後3カ月から満1歳の誕生月までの間に
最大4回の配達。
●手続き
出生届を提出する際に、申請書を提出する。
後日郵送も可能だが速やかに提出すること
（市外で出生届を提出した人には、後日申請
書等を郵送する）。
問／とみや子育て支援センター
TEL022-343-5528

子ども医療費助成制度

0〜18歳年度末までの子どもの医療費を
助成し、子育て世帯の経済的負担を軽減する。
助成内容／子どもの通院費・入院費・入院時
の食事療養費を助成する
問／子育て支援課 TEL022-358-0516

とみや子育てサロン（富谷中央公民館2階）

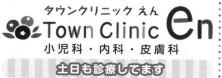

みんなで子育て

大和町

〒981-3680
大和町吉岡まほろば1-1-1
TEL022-345-1111
人　口／2万8017人
世帯数／1万2414世帯
面　積／225.49平方㌖。
（2023年10月31日現在）

大和町イメージキャラクター
アサヒナサブロー

【休日当番医】
●町ウェブサイトに情報を掲載

●公立黒川病院
　TEL022-345-3101

大和町児童支援センター

　子どもたちが健やかに育ち、保護者が安心して子育てできる環境づくりのために運営している。親子、子ども同士、親同士、地域住民などとさまざまな交流、体験を通し、子育ての情報交換ができ、子どもたちが安全にのびのびと遊べる場所を提供。子どもと一緒に遊べるイベントを毎月企画、開催している。
開／月～金、第3土曜日
　　9:00～11:30、13:30～16:00
利用料／無料

児童支援センター

休／土曜（第3土曜は除く）、日曜、祝日、年末年始
問／児童支援センター TEL022-344-7311

大和町あんしん子育て医療費助成

　0～18歳（18歳に達する日が属する年度の末日）の子どもが対象。ただし、生活保護を受けている世帯、18歳で結婚している人は除く。
助成内容／入院・通院ともに医療費が無料になる。ただし、加入している各健康保険から支給される高額療養費や付加給付、健康保険の適用外となるもの（健康診査、予防接種、入院時食事代、薬の容器代、差額室料など）は助成対象から除く
問／子ども家庭課
　　TEL022-345-7503

大和町第3子以降育児応援祝金事業

　子どもの誕生や入学を祝福するとともに、その健やかな成長と多子世帯の経済的負担の軽減、町への定住促進を図ることを目的として、3人目以降の子どもが生まれたときに10万円、小・中学校に入学したときに5万円（うち地元商品券2.5万円）を保護者に給付。
問／子ども家庭課
　　TEL022-345-7503

おはなし会

　親子で楽しめる会。絵本や紙芝居の読み聞かせ、手遊びなどを行う。予約不要。以下

開設日については、変更となる場合がある。
●おはなしの森
開／第1土曜10:30～11:30
●もみじっ子
開／第3水曜10:30～11:30
会場／まほろばホール
問／公民館（まほろばホール内）
　　TEL022-344-4401

大和町放課後子ども教室「わいわい」

　小学1～6年生が一緒に遊びやスポーツ、工作などの活動をする。また、地域住民がスタッフとなり、陶芸教室やグラウンドゴルフ交流会など、さまざまな催しを企画する。小野・吉田・落合・鶴巣・宮床の5地区で開催していて、活動日や活動内容は地区ごとに異なる。参加無料。
問／生涯学習課
　　TEL022-345-7508

大和町高等学校等通学応援事業

　公共交通機関の利用促進と子育て支援の充実を図るため、町内に住所を有し、自宅から高校などへの通学手段として、公共交通機関（スクールバスの利用も含む）などの定期券を購入している生徒の保護者を応援。
助成内容／定期券などの購入金額のうち1カ月当たり1万円を超えた額の半額（月額上限1万円）を補助
　　　　　※100円未満は切り捨て
問／まちづくり政策課
　　TEL022-345-1115

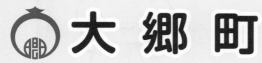

大郷町

〒981-3592
大郷町粕川字西長崎5-8
TEL022-359-3111
人　口／7674人
世帯数／2945世帯
面　積／82.01平方㌔。
（2023年7月31日現在）

大郷町観光PRキャラクター 常のモロ

【休日当番医】
●町ウェブサイトに情報を掲載

●公立黒川病院
　TEL022-345-3101

町民課こども健康室

　妊娠期から子育て期のさまざまな疑問・相談に対応する総合窓口を保健センター内へ設置。保健師らが随時相談を受け付けている。
●乳幼児健康診査
　医療機関で受診する2カ月児健診、8〜9カ月児健診の費用を助成する。また、町の保健センターで乳児健診（3〜4カ月）、1歳6カ月児健診、2歳児健診、3歳児健診を実施している。保健師や栄養士、歯科衛生士による育児・栄養の相談を受け付けている。
●ぱくもぐ☆歯ピカピカ教室
　離乳食と歯みがきの講話や相談を行っている。
●おやこのへや
　育児相談、身体測定、親子遊びや、他の親子と交流ができる。
●のびのび相談
　保護者の希望があり、保健師が必要と判断した場合、臨床心理士が精神発達に心配がある子どもとその親の相談を受け付ける。
問／町民課こども健康室（保健センター）
　　TEL022-359-3030

大郷町子育て支援センター

　地域全体で子育てを支援する基盤を形成し、子育て家庭に対する育児支援の各種事業を実施するため、「すくすくゆめの郷こども園」に設置。未就園児とその保護者を対象に、季節に合わせた遊びや制作、お話しを楽しむ自由参加型のサークルの他、年齢別の育児サークル活動などを実施している。利用無料。
開／月〜金曜10：00〜11：30
　　　　　　13：00〜16：30
休／土・日曜、祝日、12月29日〜1月3日
●おはなしなあに
開／月1回10：00〜11：30
●作って遊ぼう
開／月2回10：00〜11：30
●育児サークル
開／月2回10：00〜11：30
対象／リトルアップル（0歳児）、ビックアップル（1歳児、2歳児）
問／子育て支援センター
　　TEL022-359-5755

出産祝金と
乳幼児育児用品の支給

●出産祝金
　未来を担う子どもの誕生を祝福し、子どもの健全な育成と子育て世代の定住促進を図るため、第1子出生時に1万円、第2子2万円、第3子3万円、第4子以降5万円を保護者に支給する。
●乳幼児育児用品
　出生月の翌月から満1歳の誕生月まで、毎月3000円の育児用品引換券を交付する。
問／町民課こども健康室（保健センター）
　　TEL022-359-3030

すこやか子育て医療費助成

　0〜18歳（18歳に達する日が属する年度の末日）の子どもが対象。入院・通院ともに医療費が無料になる。ただし、加入している各健康保険から支給される高額療養費や付加給付、健康保険の適用外となるもの（健康診査、予防接種、入院時食事代、薬の容器代、差額室料など）は助成対象から除く。
問／町民課 TEL022-359-5504

大郷町児童館

　子どもと子どもに関わる全ての方のための施設。バリアフリー仕様の館内には小体育ホール、図書室、乳児室、館庭には砂場、すべり台付き遊具があるほか自然いっぱいの原っぱもある。乳幼児や小学生を対象とした定期行事、雀踊りや羽生田植踊りも実施中。
開／月〜土曜9:00〜18:00
　　（小学生は17:00まで）
休／日曜、祝日、12月29日〜1月3日、その他臨時休業あり
●おおさと放課後児童クラブ
　大郷町児童館内併設の公設民営の学童保育サービス。放課後や学校休業日に就労などの理由で保護者や家族が自宅に不在となる小学生が利用できる。要事前申請。利用児童、保護者のための各種イベントも不定期開催。
開／登校日 下校〜18:00（延長19:00まで）
　　学校休業日8:30〜18:00（朝延長7:00〜8:30、夜延長18:00〜19:00）
　　土曜 8:30〜18:00（朝延長7:00〜8:30、夜延長なし）
休／児童館に準じる
問／児童館 TEL022-359-2167

新しい時代につなぐ万葉の里・おおひら

大衡村

〒981-3692
大衡村大衡字平林62
TEL022-345-5111
人　口／5588人
世帯数／2100世帯
面　積／60.32平方㌖
（2023年9月30日現在）

大衡村PR大使
ひら麻呂

【休日・夜間当番医】
●公立黒川病院
　TEL022-345-3101
●休日当番医日程表は村ウェブサイトへ掲載

子育て世代包括支援センター

保健師や栄養士などの専門スタッフが、子育てに関するさまざまな相談に応じ、サポートする。
対象／妊娠期〜子育て期の人とその家族
開／8:30〜17:15
　　（相談受け付けは16:00まで）
問／子育て世代包括支援センター
　　（福祉センター内）
　　TEL022-345-0253

子育て支援拠点事業

未就園児とその家族を対象に、「おおひら万葉こども園」の児童と一緒に遊んだり、親子で楽しめる活動を行い、電話による子育てについての相談も受け付ける。
開／月〜金曜10:00〜15:00
費用／無料
問／おおひら万葉こども園
　　TEL022-344-3028

ベビーのゆったりタイム

1歳未満の保護者同士で話したり子どもに絵本を読んだり自由に過ごせる。申し込み不要。
実施場所／大衡村福祉センター
実施日時／第3月曜10:00〜11:30
問／健康福祉課 TEL022-345-0253

子育てふれあい広場

未就学児の親子の遊び場として「大衡児童館」を開放している。
利用施設／大衡児童館
問／大衡児童館 TEL022-345-4626

チャイルドシート貸出事業

大衡村在住の児童の保護者や、村内への里帰りのため滞在先の親族等へ無料で貸し出しする。
貸出場所／大衡村福祉センター
貸出物／乳幼児用（新生児〜4歳未満対応型）、学童用（4歳〜6歳未満）
問／健康福祉課
　　TEL022-345-0253

万葉のびのび子育て支援事業

●子育て支援券
子育て家庭の負担軽減と健やかな出産・育児の支援を目的に、村在住の妊婦を対象に「万葉のびのび子育て支援券（5万円分）」を交付。子育て支援券はタクシー乗車や紙おむつ・粉ミルク購入の際に使える。

●祝金
子育て世帯の経済的支援および定住促進を目的に、出産祝金ならびに小中学校入学の入学祝金を支給する。
出産祝金　児童1人当たり5万円
入学祝金　児童1人当たり3万円
問／健康福祉課 TEL022-345-0253

給食費・通園費補助

村保育施設の3歳児クラス以上の児童の給食費・認定こども園の通園費を補助。
問／健康福祉課 TEL022-345-0253

大衡村子育てガイドブック

出産・子育て支援制度や相談窓口について村ウェブサイトへ掲載。
大衡村ウェブサイト
https://www.village.ohira.miyagi.jp

54

仙塩エリア

子育て行政サービス

生命の誕生と子育ての感動を分かちあい、
子どもたち一人ひとりが光り輝くまちしおがま

塩竈市

〒985-8501
塩竈市旭町1-1
TEL022-364-1111
人　口／5万2134人
世帯数／2万4167世帯
面　積／17.37平方㌔。
（2023年9月30日現在）

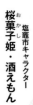

塩竈市キャラクター
桜菓子姫・酒えもん

【休日救急医療】
●塩釜地区休日急患診療センター
　TEL022-366-0630
●休日救急歯科診療
　塩釜地区2市3町の歯科医が当番
　制で対応

診療センターの受診時間、開設歯科医院など詳細は塩竈市公式ウェブサイトに掲載

ファミリー・サポート事業

「子育ての手伝いをしてほしい人（利用会員）」と「手伝える人（協力会員）」が会員登録し、子育てを援助する。市はその事務局として、会員の登録や紹介などを行う。
対象／●利用会員…市内に在住または勤務している人で、おおむね生後3カ月〜小学6年生の子どもがいる人

●協力会員…市内に在住し、援助活動に理解と熱意のある20歳以上の人。登録後、講習会を受ける必要がある
●両方会員…利用・協力会員を兼ねる人
報酬／利用会員は、1回の援助活動ごとに協力会員に直接報酬を支払う
●月〜金曜7:00〜19:00
　最初の1時間600円以降30分ごとに300円
●土・日曜、祝日、年末年始、上記の時間外
　最初の1時間700円以降30分ごとに350円
申し込み方法／事務局に申し込む
問／事務局（塩竈市子育て支援センター内）
　TEL022-363-3631

育児サークル支援・育成

活動のアドバイスや遊びの紹介など、市内

で自主的に活動している育児サークルを支援する。わらべうたを中心とした「ぺんたとん」が活動している。支援センター主催の育児サークル「いちごくらぶ」（4月募集）もある。
問／塩竈市子育て支援センター
　TEL022-363-3630

つどいの広場

市営梅の宮住宅集会所を利用した、子育て中の親子が交流できるスポット。アドバイザーへの子育てに関する悩み相談や、子育てに役立つ地域情報の収集などができる。

子育て支援センター

親子が気軽に遊べる場、子育て仲間との出会いの場として自由開放しながら、月に一度「あそびの広場」の開催や育児サークルの支援などを実施する。現在市内では、民間の保育所を含め2カ所で開設している。
■塩竈市子育て支援センター「ここるん」
塩竈市海岸通1-15 もてなし舎2階（うみまち保育所隣り）
業務内容／●気軽なあそび場としての自由開放　●育児相談（子育てコンシェルジュ）　●子育てに関する情報の発信と提供　●出張ここるんの開催　●育児サークルの育成・支援　●ファミリー・サポート事業の実施　●つどいの広場事業の実施
開／9:30〜12:30、13:30〜16:00
　（11:45〜12:30ランチタイムで食事が可能）
休／木曜、祝日、年末年始

駐車場／塩竈中央公共駐車場（3時間まで無料）
TEL022-363-3630
■あゆみ保育園子育て支援センター
塩竈市花立町1-16
業務内容／●気軽なあそび場としての自由開放　●育児相談　●子育てに関する情報の発信と提供
TEL022-365-4572

56

水曜は0歳児のみ利用できる「ベビーちゃんの日」。1歳以上の子どもを連れての来館は、月・金曜が可能。11:45～12:30はランチタイムとして、弁当持参を。

駐車スペースが少ないため、徒歩または公共交通機関を利用して来館を。
対象／未就学児とその保護者
開館日時／月・水・金曜（祝日、年末年始を除く）10:00～13:00
利用料／無料
問／つどいの広場 TEL070-6494-3906
（開館時間中のみ）

一時預かり事業

入院や家族の介護、繁忙期の就労や研修、学校行事があるとき、また育児疲れでリフレッシュしたいときなどに、一時的に保育所へ子どもを預けられる。
対象／1歳～就学前で幼稚園などに在籍していない子ども（市内在住者に限る）
利用例／●緊急のとき（1事由で2週間以内）
　　　　…入院、通院、出産、看護、介護、冠婚葬祭、試験など
　　　　●私的事由のとき（1カ月7日以内）
　　　　…リフレッシュ、ボランティア活動、学校行事など
　　　　●就労のとき（1カ月64時間未満、6カ月以内）…パート・自営業の繁忙期、就労を目的とした研修時など
実施施設／うみまち保育所（公立）
開／月～土曜8:30～17:00
利用料／1日1700円、半日1000円
　　　　※1日利用の場合は弁当持参
時間外利用／月～金曜8:00～8:30、
　　　　　　17:00～18:00
※料金は30分ごとに100円加算
休／日曜、祝日、12月29日～1月3日
※私立ではあゆみ保育園（TEL022-365-4572）、わだつみ保育園（TEL022-369-3462）で実施。詳細は直接問い合わせを
申し込み方法／
直接保育所（うみまち保育所、あゆみ保育園、わだつみ保育園）に連絡し、事前に面接を受

ける
問／保育課 TEL022-353-7797

子ども未来課「ファミリーダイヤル」

子育てでつらいとき、困っていることなどがあれば、不安な気持ちを一人で抱え込まず

相談を。直通の専用ダイヤルで相談員が対応する。
専用ダイヤル／TEL022-364-1178
相談受付時間／月～金曜8:30～17:15
利用例／子育てや家庭内の悩み、DV、児童虐待等の心配・不安など
問／子ども未来課 TEL022-355-7610

子育て世代包括支援センター「にこサポ」

妊娠・出産・子育てのワンストップ相談窓口。子育て支援センター「ここるん」とともに、笑顔の子育てを応援する。誰でも気軽に相談できる。
塩竈市本町1-1 壱番館1階（旧ここるん跡地）
スタッフ／保健師・助産師・栄養士・子育てコンシェルジュ(保育士)
業務内容／母子健康手帳交付・妊産婦健康診査助成・パパ&ママクラス・ファミリークラス・助産師Happyコール・助産師Happy相談・産後ケア事業・新生児訪問・はじめましてにこサポ・赤ちゃんサロン・離乳食クラス・乳幼児健康診査・健康相談・未熟児養育医療給付・各種相談など
開／月～金曜8:30～17:15
休／土・日曜、祝日、年末年始
駐車場／塩竈中央公共駐車場（3時間まで無料）
TEL022-354-1225（いち・にの・にこサポ！）
Eメールnikosapo@city.shiogama.miyagi.jp

●助産師Happy相談（要予約）
　赤ちゃんの身長や体重測定、育児や食事、母乳などについて相談できる。電話・来所・訪問など、一人一人に合った方法を選べる。
●パパ&ママクラス（要予約）
　赤ちゃんのお世話の仕方や出産準備、産前産後の心身の変化や父親の役割などを伝える。
内容／・育児体験
　　　・産後クライシス予防 他
●ファミリークラス（要予約）
　授乳方法や抱っこの仕方、情報交換、産前産後のサービスやサポートを確認する。
内容／・授乳の仕方
　　　・おっぱいケア
　　　・赤ちゃんの寝床の作り方 他
●はじめましてにこサポ（要予約）
　新生児訪問を終えた3カ月頃までの赤ちゃんとその保護者が対象。親子の交流や産後の相談、さまざまな事業、遊びの場の紹介を行う。
内容／・親子同士の交流

　　　・にこサポ事業、遊びの場の紹介
　　　・市民図書館「えほんデビュー」
　　　・身体測定、個別相談（希望時）
●にこサポ赤ちゃんサロン（要予約）
　ベビーマッサージ編、ヨガ編を開催し、産後のママのリフレッシュや仲間づくり、親子の絆を深める。
対象／[ベビーマッサージ] 生後6カ月までの赤ちゃんとパパ、ママ
　　　[ヨガ] 生後6カ月までの赤ちゃんとママ
内容／[ベビーマッサージ] ベビーマッサージ、身体計測、育児相談
　　　[ヨガ] 産後ヨガ、身体計測、育児相談
●ごっくん・もぐもぐ離乳食クラス（要予約）
　栄養士による個別の相談、調理体験を行い、月齢に沿った離乳食について学ぶ。
対象／[ごっくん] 生後5～6カ月の赤ちゃん（第一子）と保護者
　　　[もぐもぐ] 生後7～8カ月の赤ちゃんと保護者
内容／個別相談、身体測定、調理体験、交流

多賀城市観光協会キャラクター
たがもん

多賀城市

日々のよろこびふくらむまち 史都 多賀城

〒985-8531
多賀城市中央2-1-1
TEL022-368-1141
人 口／6万2145人
世帯数／2万8361世帯
面 積／19.69平方㌖。
（2023年10月31日現在）

【休日の急患診療】
●塩釜地区休日急患診療センター
　TEL022-366-0630
●休日救急歯科診療当番医
　連絡先、受付時間はこちらから

子育て世代包括支援センター

　子ども家庭課とすくっぴーひろばが窓口。子育てに関することは何でも相談できる。
＜支援の大きな三つの柱＞
①それぞれの特色を生かした二つの相談機能
●すくっぴーひろばでは、子育てコンシェルジュなどの子育て応援スタッフが相談を受け付ける（水曜、祝日の翌日、年末年始を除く9:00〜16:30）
●子ども家庭課では、保健師、助産師、栄養士、歯科衛生士などの専門スタッフが相談を受け付ける（土・日曜、祝日、年末年始を除く8:30〜17:15）
②気軽に相談できる「ほっとライン」
　子ども家庭課の保健師や助産師が、電話やメールでも相談を受け付ける。

親子で利用できる個室の相談室。安心して相談できる環境となっている

●直通専用電話 TEL022-368-1021
　（平日9:00〜16:00）
●24時間受け付けのメール

多賀城市ホームページより
「ほっとライン」で検索

多賀城市ほっとライン 🔍

③オリジナル冊子と便利アプリで子育て応援
＜妊娠期から出産、子育てに役立つ情報や記録をまとめた三つの冊子を配布＞
●妊娠期から新生児期までの情報をまとめた「はぐはぐ」
●育児に関するヒントや情報をまとめた「すくすく」
●日々の成長記録や健診で活用できる「すこやかファイル」
●電子母子手帳機能を備えたアプリ「たがすく」を導入。予防接種スケジュール管理や医療機関・保育施設検索、子育て支援情報がタイムリーに配信

たがじょう子育て応援アプリ「たがすく」web版

問／子ども家庭課親子保健係
　　TEL022-368-1109
　　すくっぴーひろば TEL022-355-7085

多賀城市子育てサポートセンター「すくっぴーひろば」

　JR仙石線多賀城駅前にある、乳幼児とその家族のための子育て支援施設。託児室や研修室、クッキングスタジオ、赤ちゃんひろば、こどもひろばなどがあり、親子で楽しめる催しを随時開催。市内の子育てに関する情報を提供するほか、ひろばにはスタッフが常駐し、育児相談やママ友づくりの支援を行っている。登録後、利用できる。
対象／乳幼児とその保護者
※乳幼児の安全確保のため、小中学生

は入場できない
開／9:00〜16:30
休／水曜、祝日の翌日、年末年始（12月28日〜1月4日）
登録料／●多賀城市民……無料
　　　　●他市町村の人…子ども1人につき500円（初回のみ）

＜一時預かり＞
　保育士が託児室で子どもを預かる。理由を問わず利用可能で、事前登録が必要。対象は生後6カ月以上の未就学児。1時間当たりの利用料は多賀城市民が700円（以降30分につき350円追加）、他市町村の人が800円（以降30分につき400円追加）。利用可能時間は、すくっぴーひろば開館時間に同じ。
問／すくっぴーひろば TEL022-355-7085

スタッフの支援が充実しているため、父子のみでも安心して利用できる

ファミリー・サポート・センター

　用事や仕事などで子どもを預かってほしいときなどに、「子育ての援助をしてほしい人（利用会員）」が「子育ての援助をしてくれる人（協力会員）」に報酬を支払い、子どもを預ける援助活動。利用の際は会員登録（無料）が必要。援助活動の調整は事務局が担当し、利用会員と協力会員の面談を事前に行うため、安心して預けられる。万一の事故に備え、補償保険に加入している。
対象／●利用会員…多賀城市に在住し、おおむね生後2カ月〜小学6年生の子どもがいる人
　　　●協力会員…多賀城市に在住し、援助活動への理解と熱意がある成年以

上の人
●両方会員…利用会員と協力会員の両方になりたい人
問/すくっぴーひろば TEL022-355-8041（ファミサポ専用）

子ども医療費助成制度

子どもの医療費（通院費・入院費）を助成し、子育て世帯の経済的負担を軽減する。
対象/市内在住の0〜18歳の年度末までの子ども（生活保護受給者および婚姻歴がある人を除く）
申請方法/対象となる子どもの健康保険証、受給者（保護者等）名義の預金通帳もしくはキャッシュカード、受給者および子どもの個人番号カード（個人番号カードを持っていない場合は個人番号通知カードと官公署発行の写真付き身分証明書）、受給者が1月1日以降に転入した場合は市から前居住市町村に所得状況等を確認するため、同意書の提出が必要
※同意書は市ウェブサイトからダウンロード可能
問/国保年金課国保庶務係
　TEL022-368-1697

一時預かり保育

空きがあれば理由を問わず利用できる。
実施場所/●浮島保育所
　　　　　TEL022-368-0440
　　　　 ●多賀城バンビの丘こども園
　　　　　TEL022-368-4302
対象/おおむね1歳以上の子ども
保育日時/平日8:30〜17:00
　　　　　土曜8:30〜12:30
休/日曜、祝日、年末年始（12月29日〜1月3日）
　※多賀城バンビの丘こども園は4月1、2日も休業
利用料/・1日2000円、半日1000円（浮島保育所）

・1日2000円、半日1000円、2時間500円（多賀城バンビの丘こども園）
※両施設とも給食なしの場合は300円引き
・布団利用100円
・雑費100円（多賀城バンビの丘こども園のみ）
申し込み/利用日の2週間前まで、各保育所に直接申し込む（緊急時は2日前まで）
問/子ども政策課幼保支援係
　TEL022-368-1605

病後児保育

病気やけがなどの回復期で集団生活が難しく、仕事の都合などで家庭での保育が困難なときに利用できる。
実施場所/下馬みどり保育園
　　　　　TEL022-361-3385
対象/1歳〜小学3年生の子ども
保育日時/平日8:00〜18:00
　　　　　土曜8:00〜17:00
休/日曜、祝日、年末年始（12月29日〜1月3日）
利用料（給食費含む）/1日2000円、半日（4時間未満）1000円、生活保護世帯は免除
申し込み/事前登録（利用当日でも可）が便利。電話で保育園に直接仮予約後、かかりつけ医などを受診して医師連絡票に記入してもらい、再度電話で予約
問/子ども政策課幼保支援係
　TEL022-368-1605

1歳児come☆かむ広場

1歳児は乳児から幼児へと変わる大切な節目の時期。その時期に特に関わりが重要となる「遊び」「栄養」「歯科」の各分野で、保健師、栄養士、歯科衛生士、心理士などから「1歳の時期にどんなことをするといいのか」について話を聞き、実際に子どもと体験しなが

ら楽しく育児のポイントを知ることができる。参考になる子育て情報も充実しているので、親子で参加しよう。

ダイナミックな親子遊びも好評

対象/1歳〜1歳2カ月の子どもとその保護者
※対象の方には、日程など個別に通知
内容/●身体測定（身長・体重）
　　 ●体を使った親子遊び、絵本の読み聞かせ
　　 ●幼児食への移行ポイントについて
　　 ●歯の仕上げ磨き体験、RDテスト（子どもの口から唾液を採って衛生状態を確認するテスト）
　　 ●すくっぴーひろばの事業紹介、利用登録
実施場所/すくっぴーひろば
実施日/月1回（日にちは市ウェブサイトや個別通知で確認を）
問/子ども家庭課親子保健係
　TEL022-368-1109

離乳食教室

離乳食の進め方や作り方について、講話や実演、体験を通して学ぶ。実際に食材や器具を使った離乳食づくり体験を行い、家庭でも実践しやすい内容。栄養士の講話、保育士による親子遊びや絵本の読み聞かせなどもある。参加者同士の悩みの解決や交流の場にもなっている。
対象/乳児とその保護者
実施場所/母子健康センター
実施日/月1回程度（日にちは市ウェブサイトで確認を）
コース/①ごっくんコース（初期）
　　　　②もぐもぐコース（中期・後期）
　　　　③ぱくぱくコース（完了期）
定員/各回10組
参加費/各100円
申込/要予約
問/子ども家庭課親子保健係
　TEL022-368-1109

59

育もう！
すこやか笑顔あふれる松島の子

 松島町

〒981-0215
松島町高城字帰命院下一19-1
TEL022-354-5701
人　口／1万3124人
世帯数／5717世帯
面　積／53.56平方㌔。
（2023年10月1日現在）

松島町キャラクター
どんぐり松ちゃん

【休日・夜間当番医】
●塩釜地区休日急患診療センター
　TEL022-366-0630

子育て支援センター

安心して楽しく子育てできるようにサポート。育児相談、発達相談、赤ちゃん訪問などの活動をしている。
問／松島町児童館
　　TEL022-354-6888
　　町民福祉課こども支援班
　　TEL022-354-5798

ファミリー・サポート・センター

子育ての手伝いをしてほしい人（利用会員）と子育ての手伝いができる人（協力会員）が会員登録し、子育てをサポートする。利用会員と協力会員の間に事務局が入り、相互の利用調整を図る。利用会員と協力会員の両方に登録することも可能（両方会員）。
利用時間／7:00〜21:00の間で援助を必要とする時間
費用（活動報酬）／
・平日7:00〜19:00…1時間当たり600円
・平日19:00〜21:00…1時間当たり700円
・土・日曜、祝日、年末年始7:00〜21:00
　…1時間当たり700円
事務局開設時間／9:00〜17:00
休／土・日曜、祝日、年末年始
問／松島町児童館 TEL022-354-6888
　　町民福祉課こども支援班
　　TEL022-354-5798

児童館

赤ちゃんから小中高校生までの児童・生徒が自由に遊びに来ることができる。子どもたちは「遊び」を通じて考え、決断し、行動し、責任を持つという「自主性」「社会性」「創造性」を身に付ける。
松島町児童館では、子どもたちや子育て世代の親が地域で安心して生活できるよう、子育てグループやジュニアボランティアの育成、親子教室などを行っている。また子育て家庭の子どもたちが安定した放課後を過ごせるように、登録制で毎日学校から直接来館する留守家庭児童学級（放課後児童クラブ）も開設している。
＜未就学児親子向け＞
●遊びの広場
　午前中は親子でゆったり自由に過ごせる。未就学児は保護者同伴で利用を。
●親子教室
　親子あそびの会「なかよし教室」（月1回）、読み聞かせの会（月1回）、リズム遊びの会（年6回）、親子ヨガ教室、人形劇鑑賞会など。
●子育ての相談
　赤ちゃんほっとサロン（月1回）、どんぐり保健室（月1回）。町の保健師、栄養士に「あのね、○○について聞きたいんだけど…」と気軽に相談できる。
＜小・中・高校生向け＞
●自由来館
　原則、小学生から1人で来館可能。ランドセル、かばんを家に置いてから来館を。ルールを守って友達と楽しく遊ぼう。
●各種イベント
　目指すは「きっかけづくり」。松島町児童館では子どもたちがさまざまな体験や手伝いをすることで新しい分野に興味を持ったり、得意なことに気がついたり、より良い将来につ

ながるようなきっかけづくりをしている（クッキング、工作、スポーツなど）。また、地域の方とのつながりや異

親子ヨガ教室

年齢交流を目的にこどもまつり、ハロウィーンパーティー、クリスマスパーティーなど、未就学児親子から小中高生までみんなで楽しめる季節のイベントを開催している。
＜留守家庭児童学級（放課後児童クラブ）＞
　両親・祖父母が仕事や介護などのために日中留守にする家庭の小学1〜6年児童を対象に、下校後安心して過ごせるよう遊びや生活の場を提供し、健全な育成を図ることを目的として松島町留守家庭児童学級を開設している。学校から直接各学級に通級する。
開／・児童館…9:00〜19:00
　　・留守家庭児童学級…下校後〜19:00（土曜、長期休業期間、振替休日は7:30〜19:00）
休／児童館、留守家庭児童学級…日曜、祝日、年末年始
問／松島町児童館 TEL022-354-6888
　　町民福祉課こども支援班
　　TEL022-354-5798

子ども医療費助成制度

所得に関係なく、対象年齢の町民の医療費を助成する。
対象年齢（通院・入院）／
0歳から18歳に到達する最初の年度末まで
※保険診療分の自己負担は無料。ただし、保険適用外のもの（健診、予防接種、入院時食事代、室料、容器代等）は対象とならない
問／町民福祉課福祉班 TEL022-354-5706

観光キャラクター
ぼっけのボーちゃん

つどう・つながる・ささえあう

 七ヶ浜町

〒985-8577
七ヶ浜町東宮浜字丑谷辺5-1
TEL022-357-2111
人　口／1万7884人
世帯数／6844世帯
面　積／13.19平方㌖
（2023年4月1日現在）

【休日急患診療】
● 塩釜地区休日急患診療センター
　TEL022-366-0630

子育て支援センター

　未就学児とその保護者を対象に、親子向けの遊びなど、さまざまな事業を実施している。事業の一例は下記の通り。
●すまいる広場
　子どもと親が一緒に遊べる広場で、母親同士の情報交換、仲間づくりの場にもなる。広い園庭には遊具がある。保育士が子育ての相談に応じる。
開／平日9:00～17:00
●お茶会
　ボランティアによるお茶会。その場で入れる抹茶と手作り菓子でほっこりできる。
開／第3水曜10:00～11:00
※ボランティアの都合で休む場合もある
●お楽しみカード
　利用する子どもに配布しているカード。利用時に配布されるシールを10枚集めると、プ

レゼントがもらえる。
問／子育て支援センター
　　TEL022-362-7731

子育て支援ガイドブック

　子育て支援に関する情報を、分かりやすく使いやすいように提供することを目的として、子育て支援ガイドブックを子ども未来課、子育て支援センターで配布している。乳幼児健診や予防接種、食育、緊急医療機関、各種相談などを紹介。町ポータルサイトでも閲覧できる。
問／子ども未来課
　　TEL022-357-7454

子育て支援センター便り「すまいる通信」

　子育て支援に役立つ情報やイベントの案内など、情報満載の「すまいる通信」を毎月発行している。配布場所は子育て支援センター。町のウェブサイトからPDFをダウンロードしても閲覧できる。

問／子育て支援センター
　　TEL022-362-7731

一時保育

　子ども未来課に事前登録すれば利用できる。
対象／生後1年から就学前までの子ども
登録内容／●私的理由保育…私用、リフレッシュなど理由は問わず週2回まで利用可能
●特定保育…就労している人で、週3回まで利用可能
●緊急保育…入院、看護、出産などで、2週間まで利用可能
実施場所／遠山保育所内かきのみ組
保育時間／平日8:30～17:00
休／土・日曜、祝日、年末年始
・1日保育：保育料3歳未満1300円、3歳以上1000円、おやつ・給食代300円
・午前保育：保育料700円、おやつ・給食代300円
※登録年度4月1日時点での年齢
問／子ども未来課
　　TEL022-357-7454

園庭には楽しい遊具がそろう（子育て支援センター）

子育て支援センターではクリスマス会など季節のイベントを開催

利府町

遊ぶことを大切にし、自ら考え、行動し、
心豊かに育つために

〒981-0112
利府町利府字新並松4
TEL022-767-2111
人　口／3万5898人
世帯数／1万420世帯
面　積／44.89平方㌔
（2023年9月30日現在）

利府町公式キャラクター
十符の里の妖精
リーフちゃん

RIFU

【急患（土・日曜・夜間）診療】
●塩釜地区休日急患診療センター
　TEL022-366-0630

子育てガイドブック

　子育てに関わる人の手助けをし、育児不安を少しでも解消できるよう、各種制度や医療機関、町内の遊び場マップ、相談窓口の案内など、子育てに関するさまざまな情報を紹介している。母子健康手帳交付時や町外からの転入時に配布しているほか、町ウェブサイトおよび専用アプリ（わが街事典）からも閲覧できる。
アプリはこちら
問／子ども支援課 TEL022-767-2193

児童館・児童センター

　乳幼児や保護者対象の講座や、小学生以上対象の体験学習などのさまざまな講座や相談事業、地域の人との交流事業を実施している。18歳未満の児童と保護者が利用できる。
●東部児童館
　利用日時／月～土曜9:00～18:00
　TEL022-767-8150
●西部児童館
　利用日時／月～土曜9:00～18:00
　TEL022-781-9895
●中央児童センター
　（※2024年4月開館予定）
　利用日時／月～土曜、第1・3・5日曜9:00～
　　　　　　20:00
問／子ども支援課
　　TEL022-767-2193

病後児保育

　病気等の回復期にあり、集団保育が困難な期間に子どもを仙塩利府病院病後児保育室で一時的に預かる。
保育日時／月～金曜（祝日を除く）
　　　　　8:00～18:00
対象／利府町に住んでいる、保育所などに入所中または小学生の子ども
問／子ども支援課 TEL022-767-2193
　　仙塩利府病院病後児保育室（はぐるーむ）
　　TEL022-355-4809

子育て広場等

　町内には、子育て支援のための親子で交流できる施設が6カ所あり、このうち5カ所の広場では講座等のイベントも実施している。
●ペア・きっず（東部児童館内）
　利用日時／月～土曜9:00～18:00
　TEL022-767-8150
●りふ～る（西部児童館内）
　利用日時／月～土曜9:00～18:00
　TEL022-781-9895
●十符っ子（社会福祉協議会2階内※2024年4月中央児童センターに移転。それに伴い利用日時の変更あり）
　利用日時／月～金曜9:00～15:30
　　　　　（第2・4水曜は休館）
　TEL022-767-2195
●ぽかぽか（青山すぎのここども園内）
　利用日時／月～金曜9:00～15:00
　TEL022-767-8841
●ありのみ（アスク利府保育園内）
　利用日時／月～金曜9:30～15:00
　TEL022-349-0611

　親子で遊びながら相談できる相談事業に特化した事業を実施している。
●子ども家庭センター「ぺあっこ」
　（保健福祉センター内）
　利用日時／月～木曜9:00～15:00、金曜
　　　　　　9:00～12:00
　TEL022-356-6711
問／健康推進課子ども家庭センター
　　TEL022-356-6711

ファミリー・サポート・センター

　地域全体で子育てを支援するファミリー・サポート・センターは、子育ての支援を受けたい人（利用会員）と子育ての支援をしたい人（協力会員）が会員となり、お互いに信頼関係を築きながら育児について助け合うもの。入会後、センター職員（アドバイザー）が会員間の支援活動の調整を行い、活動を支援する。
対象／●利用会員…利府町に在住で、生後2カ月から小学6年生までの子どもがいる人
　　　●協力会員…利府町に在住で、20歳以上の心身ともに健康な人。性別や資格は問わない。町で実施する講習を受講する必要がある
　　　●両方会員…用事があるときには支援を受け、余裕があるときには支援したいという人
利用時間・報酬基準額（一人当たり）／
●平日7:00～19:00…1時間600円
●平日19:00～21:00…1時間700円
●土・日曜、祝日、年末年始
　7:00～21:00…1時間700円
開設時間／9:00～16:00
問／事務局 TEL022-767-2195

カフェ・ワークスペースとして
誰でも使用することができます。

tsumiki
利府町まち・ひと・しごと創造ステーション

宮城県宮城郡利府町中央1丁目5番地2
TEL022-766-9231　FAX022-766-9232
Email: info@rifu-tsumiki.jp
開館時間：午前9時30分～午後9時30分
（毎週水・金曜日は午後9時まで開館）
休館日：毎週火曜日・年末年始

リフノス
利府町文化交流センター

本を通じた感動や発見を提供する図書館、あらゆる世代が学びあう場としての公民館、ハレの舞台を創出する文化会館からなる複合施設

開／図書館9:00～20:00　公民館・文化会館9:00～21:00
　　カフェ・レストラン11:00～19:00(LO 18:30)
休／図書館 第2・第4月曜、12/29～1/3、蔵書点検期間
　　公民館・文化会館 12/29～1/3
　　※第2・第4月曜が祝日の場合は翌日が休館日となります
　　カフェ・レストラン 月曜、12/29～1/3

利府町森郷字新椎の木前31-1
図　書　館：TEL022-353-5031
公民館・文化会館：TEL022-353-6114

宮城県県民の森
中央記念館

木の実や枝などを用いたネイチャークラフト（有料）の体験コーナーを設けています。

施設概要
構　成／常設展示場、展示ホール、事務室、第1・2会議室
開館時間／9:00～16:30(11～3月は16:00まで)
入館料／無料
休　館／12月29日～1月3日
所在地／利府町神谷沢字菅野沢41　TEL022-255-8801

名亘エリア

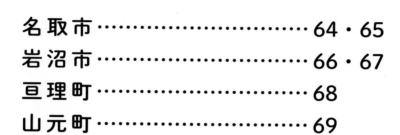

子育て行政サービス

名取市

〒981-1292
名取市増田字柳田80
TEL022-384-2111
人　口／7万9716人
世帯数／3万3374世帯
面　積／98.17平方㌔
（2023年10月31日現在）

名取市子育て支援キャラクター
なとりーな

【休日・夜間当番医】
●休日夜間急患センター
　TEL022-384-0001

子育て支援センター・子育てひろば

　子育て中の親子がゆったりとくつろぎながら遊べるサロン。子育てに関するイベントも開催している。
●対象／市内在住の0歳～就学前の子どもとその保護者
●開設日時
・高舘あおぞら保育園 子育てサロン「りんご組」
　開／月～金曜 10:00～12:00、14:30～16:00
・増田児童センター 子育てひろば「ぴよぴよハウスinますだ」、那智が丘児童センター子育てひろば「ぴよぴよハウスinなちがおか」、下増田児童センター 子育てひろば「ぴよぴよハウスinしもますだ」
　開／月～金曜9:00～17:00
・本郷小規模保育所 子育てひろば「きららルーム」
　開／月～土曜9:00～12:00、14:30～17:00
●利用料／無料
　※利用時間などが変更になる場合があるため、利用する際は施設に問い合わせを
問／高舘あおぞら保育園子育て支援センター
　TEL022-381-2031
　増田児童センター子育てひろば
　TEL022-381-1305
　那智が丘児童センター子育てひろば
　TEL090-2849-2051
　下増田児童センター子育てひろば
　TEL070-6953-7424
　本郷小規模保育所 子育てひろば
　TEL080-9637-8084

名取市子育て支援拠点施設「coco I'II（ここいる）」

ここいる内観

　0歳から就学前までの乳幼児親子のための専用ひろば。子育てに関するイベントも開催している。
対象／市内在住の0歳～就学前の子どもとその保護者（市外在住者も利用可）、プレママ・パパ
休／水曜（祝日を除く）、祝日の翌日（土・日曜、祝日は開館）、年末年始
開／10:00～17:00
利用料／無料
利用方法／市内在住者は利用登録、市外在住者は入館手続きを行う
場所・問／イオンモール名取あおばコート3階
　名取市杜せきのした5-3-1
　TEL022-281-8172

一時預かり事業

　保育園や幼稚園に在籍していない未就学児を一時的に保育する。
●利用区分／
・一時的利用
　一時的な保護者の入院や通院、看護、出産、冠婚葬祭、災害、事故、求職活動、兄弟や姉妹の行事参加、非定期的就労（臨時的なアルバイトや自営業の繁忙期）など。育児疲れの解消を目的とした利用も可。月12日まで利用でき、保護者の入院などを理由にする場合は最大1カ月継続も可能。

・定期的利用
　保護者が週3日以内の就労で保育が困難な場合、利用登録した年度のうち必要な期間に利用できる。
●対象／市内在住で満6カ月～就学前の集団での保育が可能な子ども
●利用時間／7:30～18:00（日曜、祝日、年末年始を除く）※午前のみ、午後のみの利用可
●利用料／午前または午後800円
　（3歳以上は500円）
　1日1600円（同1000円）
　※午前または1日利用の場合は別途給食費300円
●申し込み／
・一時的利用の場合
　利用前に利用を希望する施設で面接をし、利用登録をする。登録後、利用希望日を電話で予約し、利用申請書を提出する。利用を希望する際は各施設に問い合わせを。
・定期的利用の場合
　新年度からの利用申し込みは申込受付日（例年2月中旬）から、利用を希望する施設へ直接電話で申し込む。利用可能となった場合に施設で面接を実施する。年度途中から利用する場合は各施設へ問い合わせを。
場所・問／名取が丘保育所
　（名取市名取が丘2-6-1）
　TEL022-384-1853
　高舘あおぞら保育園
　（名取市高舘熊野堂字五反田山1-2）
　TEL022-381-2011
　名取みたぞのこども園
　（名取市美田園5-3-5）
　TEL022-784-1020 ※事業休止中
　愛の杜めぐみ保育園
　（名取市愛の杜1-2-10）
　TEL022-226-7466 ※事業休止中

放課後児童クラブ

那智が丘児童センター

就労などで保護者が昼間いない家庭の子どもを預かる（定員は地区によって異なる）。
利用時間・利用料／
●増田・名取が丘・増田西・館腰・相互台・ゆりが丘・那智が丘・下増田・愛島・閖上放課後児童クラブ…月～金曜 放課後～18:00 月額3000円
●高舘放課後児童クラブ…月～金曜 放課後～16:30（11～2月は16:00まで） 月額1500円（18:00まで預かりの場合は月額3000円）
※全放課後児童クラブで18:00～19:00まで延長可（別途月額1000円）
※土曜は増田・増田西・那智が丘児童センターで実施（8:00～17:00、日額500円）
※長期休業日と振替休日は8:00から利用可
※同一世帯の2人目以降は全料金が半額
※土曜、長期休業、振替休日の利用は各施設に問い合わせを
休／日曜、祝日、年末年始
問／増田放課後児童クラブ
　　TEL022-382-4567
　　名取が丘放課後児童クラブ
　　TEL022-382-1256
　　閖上放課後児童クラブ
　　TEL022-385-2707
　　増田西放課後児童クラブ
　　TEL022-384-6791
　　館腰放課後児童クラブ
　　TEL022-383-9170
　　相互台放課後児童クラブ
　　TEL022-386-5023
　　ゆりが丘放課後児童クラブ
　　TEL022-386-5298
　　那智が丘放課後児童クラブ
　　TEL022-386-2051
　　下増田放課後児童クラブ
　　TEL022-382-1345

愛島放課後児童クラブ
TEL022-382-1213
高舘放課後児童クラブ
TEL022-382-1010（14:00～17:30）

病後児保育事業

保護者の勤務の都合などの理由で、病気の回復期の子どもの保育ができない場合、専用の保育室で看護師・保育士が一時的に預かる事業。利用する際はかかりつけ医師の判断が必要。
対象／市内在住の1歳～小学6年生の病気回復期の児童。実施施設以外の保育園児、幼稚園児、家庭で子育てをしている人も必要に応じて利用できる
利用時間／8:00～18:00（土・日曜、祝日、年末年始を除く ※愛の杜めぐみ保育園は土曜利用可
利用料／1時間240円（飲食物300円別途負担）、1日2400円
申し込み／事前の登録・予約が必要。利用登録、予約は直接各施設に問い合わせを
場所・問／名取みたぞの保育園
　　（名取市美田園5-3-5）
　　TEL022-784-1020㈹
　　TEL022-784-1031（直通）
　　愛の杜めぐみ保育園
　　（名取市愛の杜1-2-10）
　　TEL022-226-7466㈹
　　TEL070-1143-2332（直通）

子育て世代包括支援センター事業

妊娠前から子育て期に関するさまざまな相談や情報提供を行い、子育てに関わる関係機関や医療機関と連携しながら、切れ目なく支援する。
開／平日9:00～16:30
対象／妊娠前および妊娠期～子育て期（乳幼児期）の保護者
問／保健センター TEL022-382-2456

子育てガイド なとりっこ 23

乳幼児期の教育・保育・子育て支援施設の情報を中心に、市の子育て支援についてまとめたリーフレット。保育所、児童センター、地域型保育事業、子育て支援センターといった施設のほか、医療機関や親子で遊べる公園などの情報もまとめている。市役所1階のこども支援課窓口などで配布している。
問／こども支援課 TEL022-724-7118

子育てコーディネーター

市役所のこども支援課窓口で、子ども・子育ての支援に関する相談や援助、情報提供、関係機関との連絡調整、保育施設の利用に関する相談受け付けなどを実施している。
利用日時／平日9:00～17:00
対象／子育て中の保護者
問／こども支援課 TEL022-724-7181

子ども医療費助成

子どもの保険適用医療費を助成している。申請には、対象となる子どもの健康保険証、受給者（親）名義の振込先口座の確認できるもの、受給者と配偶者の個人番号（マイナンバー）が確認できるものが必要。
助成内容／0歳～18歳年度末までの通院・入院費
問／こども支援課 TEL022-724-7119

iがあふれる "健幸" 先進都市

岩沼市

〒989-2480
岩沼市桜1-6-20
TEL0223-22-1111
人　口／4万3450人
世帯数／1万8849世帯
面　積／60.45平方㌔
（2023年9月30日現在）

岩沼市マスコットキャラクター
岩沼係長

【休日・夜間当番医】
●総合南東北病院
　TEL070-6635-9454

子育て支援センター

「子育て支援センター」は、地域全体で子育てを応援するために、親子が自由に遊べる「遊び場の提供」や子育て中の親子の「交流の場の提供」、子育てが楽しくなる「事業や講座」の実施、子育てに関する「情報の提供」、「相談・援助」を行っている。
●岩沼市子育て支援センター
開／月〜金曜9：00〜17：00
休／土・日曜、祝日、年末年始
対象／未就学児とその保護者
利用
・入館時名前を記入
・飲食スペースで指定の時間に飲食可
・授乳室、給湯室あり
・未就学児専用の館庭あり

子育て応援者育成
・子育てボランティア
・子育てサークル
問／TEL0223-36-8762
●東子育て支援センター
開／月〜金曜9：00〜17：00
休／土・日曜、祝日、年末年始
対象／未就学児とその保護者
利用
・入館時に名前記入
・飲食スペースで指定の時間に飲食可
・授乳室、給湯室あり
・未就学児専用の館庭あり
問／TEL0223-35-7767
●地域子育て支援センター「J'sキッズ」
開／月〜金曜9：00〜17：00
休／土・日曜、祝日、年末年始
対象／未就学児と保護者
利用
・入館時に名前を記入
・授乳室、給湯室あり
問／TEL0223-36-9853
●西子育て支援センター
開／月〜金曜9：00〜17：00

休／土・日曜、祝日、年末年始
対象／未就学児とその保護者
利用
・入館時に名前記入
・飲食スペースで指定の時間に飲食可
・授乳室、給湯室あり
・2階に屋内大型遊具あり
・西児童センターと共用の館庭あり（主に午前中外遊び可）
問／TEL0223-23-1838

ファミリー・サポート・センター事業（ファミサポ）

子どもを預けたい人（依頼会員）と子どもを預かる人（協力会員）がそれぞれ会員登録し、地域で子育てを支援する有償ボランティア事業。保護者の通院や家族の介護、冠婚葬祭、買い物、美容院など理由は問わない。主な活動内容は事務局に問い合わせを。
●活動内容
・協力会員の自宅で子どもを預かること
・岩沼みなみプラザ内で子どもを預かること
・保育施設までの送迎を行い、子どもを預かること（送迎のみは不可）
●対象
依頼会員
・市内に在住もしくは勤務している人
・2カ月〜小学6年生の子どもがいる人
協力会員
・岩沼市子育て支援センターに協力会員として登録している人
両方会員
・上記会員の両方を兼ねる人
※各会員とも事前登録が必要
●利用料（子ども1人を預ける場合）
月〜金曜7：00〜19：00 1時間700円
※その他の曜日や時間に関しては下記まで

岩沼市子育て支援センター（みなみプラザ）

西子育て支援センター（西児童センター併設）

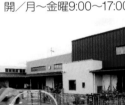

東子育て支援センター（東保育所併設）

地域子育て支援センター「J'sキッズ」

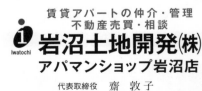

問い合わせを
問／ファミリー・サポート・センター事務局
（岩沼みなみプラザ内）
TEL0223-36-8763

学　区	放課後児童クラブ名	問
岩沼小	北児童センター放課後児童クラブなかよしクラブ すずかけ放課後クラブ げんきクラブ	TEL0223-22-2857 （北児童センター）
岩沼南小	南児童館放課後児童クラブなかよしクラブ みなみっこクラブ	TEL0223-22-3852 （南児童館）
玉浦小	東児童館放課後児童クラブなかよしクラブ ひがしっこクラブ	TEL0223-25-0455 （東児童館）
岩沼西小	西児童センター放課後児童クラブなかよしクラブ にしっこクラブ ただいまクラブ おかえりクラブ	TEL0223-22-4677 （西児童センター）

放課後児童クラブ

　児童館などで市内の小学校に通学する1〜6年生を預かる。保護者（75歳未満の同居の祖父母なども含む）全員が留守にしている場合に利用できる。
●加入要件
・児童の放課後に就労または就労を目的とした各種学校に就学している場合
・常時家族の介護や看病に当たっている場合
・妊娠や出産または疾病により入院、自宅療養が必要な場合
・身体障害者手帳1〜3級または療育手帳か精神保健福祉手帳を有し、かつ子育てが困難であることを示す診断書がある場合
・その他、児童クラブへの入所が必要と市長が認めた場合
開／月〜土曜
利用時間／月〜金曜 放課後〜19:00
　　　　　土曜 8:00〜18:00
　　　　　学校休業日 8:00〜19:00
休／日曜、祝日、年末年始
問／各児童館（右枠内）

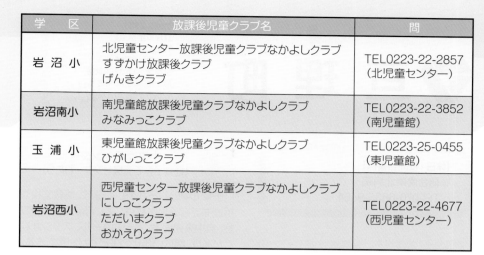

親子運動遊びデー（岩沼市子育て支援センター）
お昼の読み聞かせ会（東子育て支援センター）

みんなの誕生会（西子育て支援センター）
読み聞かせ（J'sキッズ）

赤ちゃんホットライン・ママの相談

　乳幼児健診や予防接種、妊娠中の過ごし方、産後の体調や家族計画、育児に関することなどについて、保健師や助産師、管理栄養士、歯科衛生士などの専門の相談員が相談に応じる。来所相談は要予約。
開／月・水・金曜（祝日を除く）9:00〜16:30
相談電話／TEL0223-22-2754
問／健康増進課 TEL0223-23-0794

親子ふれあい絵本交付事業

　絵本を通じて親子の絆を強め、子どもが豊

かな心を育み健やかに成長できるよう実施している。1歳8カ月の子どもを対象に、成長に配慮した選択ができるよう推薦した21冊から希望の絵本を2冊と絵本バッグを無料で交付する。
問／岩沼市子育て支援センター
　　TEL0223-36-8762

子ども医療費助成制度

　市内在住の0歳から18歳に達する年度

の末日までの人で、健康保険（岩沼市国民健康保険、各種社会保険、国保組合）に加入している人の保険適用医療費を助成する（所得制限なし）。申請には資格登録申請書、保護者の個人番号カードまたは顔写真付きの公的身分証明書、子どもの健康保険証、保護者名義の普通預金通帳が必要。
助成内容／子どもの入院費、通院費（医科、歯科、調剤）、訪問看護費など
問／子ども福祉課
　　TEL0223-23-0529

亘理町観光PRキャラクター
わたりん・ゆうりん

また来たくなるまち・
ずっと住みたくなるまち わたり

亘理町

〒989-2393
亘理町字悠里1
TEL0223-34-1111
人　口／3万3079人
世帯数／1万3289世帯
面　積／73.60平方㌔
（2023年9月30日現在）

【休日・夜間当番医】
●総合南東北病院
　TEL070-6635-9454

ファミリー・サポート・センター

　地域において、子どもを預けたい人（利用会員）と預かることができる人（協力会員）が共に会員となり支え合う子育ての援助活動。利用会員登録随時受け付け中。
●活動内容
・保育所（園）、幼稚園、学校、習い事への送迎やその前後の預かり
・通院、学校行事、買い物、保護者のリフレッシュ時の預かり
●対象
利用会員
・町内に在住または勤務する人で生後2カ月〜小学6年生までの子どもがいる人
協力会員
・町内に在住する20歳以上の人で町が実施する協力会員講習会を修了した人
●利用料（活動報酬）
・月〜金曜7:00〜19:00 1時間700円
・上記以外の時間、土・日曜、祝日、年末年始
　1時間800円
※送迎は別途加算
問／ファミリー・サポート・センター
　　TEL0223-23-1290

中央児童センター
（地域子育て支援センターわたり）

　子育て中の親子が楽しく遊べ、情報交換や相談もできる場を提供している。児童クラブ室、自由来館児室、多目的ホール、スタジオなどがあり、幅広い年代の子どもが利用できる。
●未就学児と保護者
開／月〜金曜、第1・3日曜9:00〜15:00
休／土曜、第2・4・5日曜、祝日、年末年始
　　※変則的に金曜が休みの場合あり
●小学生
開／月〜土曜、第1・3日曜9:00〜12:00、
　　13:00〜16:30（11〜2月は16:00まで）
休／第2・4・5日曜、祝日、年末年始
●中学・高校生
開／月〜土曜、第1・3日曜9:00〜12:00、
　　13:00〜19:00（土曜、第1・3日曜は
　　17:00まで）
休／第2・4・5日曜、祝日、年末年始
●利用料／無料
問／中央児童センター TEL0223-34-2752
　　地域子育て支援センターわたり
　　TEL0223-32-0720

支援センターでの親子遊び

子ども医療費助成

　子どもの保険適用分を助成している。登録申請には、対象となる子どもの健康保険証（子どもの健康保険証が健康保険組合、共済組合などに加入の場合は、登録申請書の裏面に職場または保険者が記入した付加給付に関する証明が必要※登録申請書は窓口に備え付け）、保護者名義の預金通帳が必要。詳細は下記まで問い合わせを。ただし、生活保護を受けている世帯は助成を受けられない。
●助成内容／0〜18歳（高校3年生卒）までの子どもの入院・通院費を助成する（保険適用分のみ）
問／子ども未来課 TEL0223-34-1225

子育て世代包括支援センター

　妊娠期から子育て期までのさまざまなニーズに対し、保健師や助産師などの専門職が健やかな成長を支えていけるよう切れ目のない包括的な支援を行う。
●「こども発達・発育・母乳ミルク相談」他
　専門職（助産師・保健師・歯科衛生士・栄養士・心理士・保育士・利用者支援相談員）が子育ての相談に対応する。（申し込み制）
●「わたりんママのはぴねすサロン」
　妊娠中から子育て中の方まで、子連れでも一人でも参加できるおしゃべりサロン。
　（申し込み制 月1回、5組まで）
●亘理町子育て応援アプリ
　「子育て応援わたりんナビ」
　健診や予防接種の情報、相談の予約などができる。
問／子育て世代包括支援センター
　　TEL0223-34-7505

Apple

Google

山元町

〒989-2292
山元町浅生原字作田山32
TEL0223-37-1111
人　口／1万1594人
世帯数／4821世帯
面　積／64.48平方㌖
（2023年10月31日現在）

子育て応援
お役立ち情報

山元町PR担当係長
ホッキーくん

【休日・夜間当番医】
● 総合南東北病院
　　TEL070-6635-9454

こどもセンター

JR常磐線山下駅から徒歩5分

　「児童館」「子育て支援センター」「山下第二小学校児童クラブ」の三つの機能を兼ね備えた施設。児童館は多目的ホール、創作活動室、図書室などを備え、子どもが遊んだり勉強したりと自由に過ごせる。子育て支援センターは木製遊具などを設置していて、親子が気軽に集まって交流ができる。また、地域に愛される施設を目指し、さまざまな事業に取り組んでいる。
開／月～土曜
利用時間／9:00～16:30
休／日曜、祝日、12月29日～1月3日
利用料／無料
問／こどもセンター
　　TEL0223-36-7251

元気やまもと子育てアプリ

　妊娠から出産・育児までをサポートするため、子ども・子育て支援アプリ「母子モ」を運用。

●主な機能
・妊婦健診や乳幼児健診の記録
・予防接種日などのスケジュール管理
・プッシュ通知により予防接種や健診の受け忘れの防止
・日記、写真、記念日などの記録
・オンラインによる相談
問／保健福祉課 TEL0223-37-1113

ファミリー・サポート・センター

　子育てをお願いしたい人（おねがい会員）と子育てを手伝いたい人（まかせて会員）をつなぎ、地域で助け合いながら子育てをする事業。
　利用するためには事前に登録が必要で、利用料も発生する。
開／月～金曜（祝日・年末年始を除く）
　　9:00～12:00、13:00～17:00
問／山元町ファミリー・サポート・センター事務局（こどもセンター内）
　　TEL0223-36-9877

子育て世代包括支援センター（山元版ネウボラ）

　助産師や保健師、管理栄養士などの専門職員が常駐し、母子手帳の交付や育児相談、乳幼児健診をはじめ、子育ての不安や悩みなど、子育て全般に関する相談窓口。
開／月～金曜（祝日・年末年始を除く）
　　9:00～17:00
問／子育て世代包括支援センター（保健センター内）
　　TEL0223-36-9836

子育てひろば

　未就学児親子の触れ合いの場として、子育てに関するさまざまな講座や親子で参加できるイベントを実施し、参加者間の交流を図っている。
　NPO法人夢ふうせんがスタッフとして季節ごとの行事を取り入れ、見守りを行っている。
こどもセンター
開／火・金・土曜
利用時間／10:00～15:00
ふるさとおもだか館
開／水曜
利用時間／10:00～15:00
問／こどもセンター
　　TEL0223-36-7251

こどもセンターの
キャラクター「いちポン」

ベビーマッサージ・ヨガコミュニケーション事業

親子で癒やしの時間が過ごせる

　乳児とのコミュニケーション手法を学び、親子の触れ合いや保護者同士のコミュニケーションを図りながら、育児不安の解消を図っている。
問／こどもセンター
　　TEL0223-36-7251

広い庭にある手作りの大型遊具で
遊ぶ子どもたち

代表理事の須永力さん

\ 遊びは育ちの中で絶対に必要 /

一般社団法人
プレーワーカーズ

名取市に「子どもの居場所」を開設

少子化や核家族化、親の共働きなど社会情勢の変化に伴い、昔と比べて子どもの居場所が少なくなったり、限られた空間になったりしている。子どもたちにとって自宅や学校、公共施設とは別の、もう一つの居場所として名取市内に開設されている施設を紹介する。

平日放課後の時間、小学生の女の子が1人でふらりとやって来た。「お帰り〜」。スタッフが笑顔で声をかける。まるで家に帰ってきた娘を迎える親のような雰囲気で、心が温まる。時間がたつにつれ、1人また1人と子どもが訪れる。

名取市杜せきのした地区の仙台空港アクセス線高架下の幹線道路から北側に入ると、閑静な住宅街や緑豊かな地域が広がる。その一角にあるのが「子どもの居場所○○（まるまる）」。保育園でなければ放課後児童クラブでもない、もう一つの子どもたちの居場所だ。

近くの下増田小や増田小の児童らが月間延べ200人ほど利用する。子どもがいる間はスタッフが見守る。登録料や参加費といった費用は一切かからない。

平屋の空き家を活用し、一般社団法人プレーワーカーズが運営。年間300日ほど、平日はほぼ開館している。来館するのは主に、放課後児童クラブの対象外となる児童。宿題をしたり、家屋裏の広い庭で外遊びを楽しんだりと思い思いに過ごす。

「手作りの木枠にシートを張ってプールを設営し、夏には水遊びを楽しんだ」と、同法人の代表理事、須永力（つとむ）さん（59）はほほ笑む。子どもたちからは「ぶんちゃ」のニックネームで親しまれている。

長年、自然を生かした手作りの遊び場「プレーパーク」の普及に努め、子どもたちの遊びをサポートするプレーワーカーとして活動。東日本大震災前から仙台市の「冒険広場」の運営などに携わってきた。震災後は遊具を積んだ車「プレーカー」で被災地に出向き、子どもたちの遊びの場を提供してきた。

子どもがマイノリティーな存在に

○○は2018年の開設。その前年には同じ名取市内の愛島地区で、同様の施設を開いていた。子どもの居場所も同法人も市内では知られている。同市は2011年4月に冒険遊び場づくりの設置検討委員会の立ち上げを予定していたなど、震災前からこうした活動の土壌があった。

最近の子どもの遊びを取り巻く環境について、須永さんは「少

子どもたちが遊具のペンキ塗りにチャレンジ

さまざまな体験を通じて子どもの好奇心を育む

子化や核家族化などにより、子どもがマイノリティーな存在になりつつある。大人の子どもに対する意識も変わった」と語る。

「昔は子どもが少々まずいことをしても、『子どもはそんなものだ』で済んだが、今では許されず、規制もされるようになった。見守られているのか見張られているのか、分からないときがある」と懸念する。

同法人は気仙沼市内でも「プレーパークけせんぬま」を運営している。「遊びは育ちの中で絶対に必要。無駄な時間ではない」と須永さん。○○の裏庭にあるさまざまな遊具は、子どもたちとスタッフが一緒に汗を流しながら手作りした。天気が良い日は屋外で子どもたちの元気な声が響く。屋内外を問わず、ワークショップを楽しむ機会もある。

同法人は県内に114カ所のプレーワークを開設することを目標に活動している。このうち27カ所がすでに開設された。活動の輪は着実に広がっている。

子どもの居場所○○
所在地／名取市下増田丁地96-2 TEL022-397-7507

県南エリア

子育て行政サービス

安心して子どもを産み育て、心やすらかに暮らせるまち
白石市

〒989-0292
白石市大手町1-1
TEL0224-25-2111
人　口／3万1364人
世帯数／1万4052世帯
面　積／286.5平方*㎞
(2023年10月31日現在)

白石観光キャラクター
ポチ武者こじゅーろう

こじゅうろうキッズランド

【休日・夜間当番医】
●「白石市子育て支援サイト」(QR)内の休日夜間・小児救急、医療電話相談の項目を参照

　乳幼児から小学生までの年齢に合わせた3つの遊びのエリアと絵本コーナーがある。
　絵本の読み聞かせ、工作、あそびうたコンサートなど多彩なイベントも開催。
開／月～水曜・金～日曜10:00～16:30
休／木曜 (祝日の場合は翌平日)、12月29日～1月3日、臨時開館・休館あり
料金／1人300円(大人・子ども)
問／こじゅうろうキッズランド
　　TEL0224-26-8178

詳しくはこちらからアクセス

5周年を迎えたこじゅうろうキッズランド

施設内の遊具

ファミリーサポートセンター

　子育ての援助を受けたい方(依頼会員)と援助を行いたい方(提供会員)の会員制の組織。保険加入。子どもの預かりや幼稚園・保育園への送迎時などに利用できる。
依頼会員／白石市在住または白石市内に勤務する生後6カ月～小学6年生の子どもを持つ保護者
提供会員／子育て援助可能な白石市在住者
利用時間／原則7:00～19:00宿泊はなし
料金／1時間当たり1人500円。以降30分ごとに1時間当たりの半額を加算。
所在地／白石市字本町27
　　　　(ふれあいプラザ内)
問／TEL0224-25-5488

子ども医療費助成制度

　中学校卒業相当までの子どもを対象に、健康保険が適用される診療を受けた際の自己負担額を助成する。助成を受けるには受給資格登録申請が必要。所得制限なし。
問／健康推進課
　　TEL0224-22-1362

しろいし子育て応援アプリ

　妊婦から出産、育児までをサポートする母子手帳アプリ「母子モ」を無料で利用。
・胎児の発育や出産後の子どもの発育を曲線グラフで記録
・予防接種間隔をスケジュール管理
・プッシュ通知で予防接種の受け忘れを防止するほか、子育てイベントや感染症の注意喚起などの市から発信された情報の受信
・子どもの成長を家族で共有 など
問／健康推進課 TEL0224-22-1362

図書館・情報センター「アテネ」

　図書館1階の子ども読書室は幼児から中学生向けの読みもの・図鑑など、情報センター「アテネ」2階の絵本コーナーは絵本・大型絵本・紙芝居・DVDをそろえている。
●おはなしひろば
　ボランティアによる絵本、紙芝居の読み聞かせ会。無料。どなたでも参加可。
貸出／1人10冊まで。15日間
休／月曜、毎月第1金曜、年末年始など
所在地／白石市字亘理町37-1
問／図書館 TEL0224-26-3004

妊婦さんと赤ちゃんのサロン

助産師や保健師、栄養士と話をしながら過ごすサロン。
対象／妊婦さんや4カ月健診前児とその家族
実施場所／健康センター
実施日時／月1回10:00～11:30
　　　　　（受付9:20～9:30）
問／健康推進課 TEL0224-22-1362

乳幼児相談

身長・体重計測、育児・発育・栄養に関する個別相談などができる。
対象／0歳～小学校就学前の子どもと家族
実施場所／健康センター
実施日時／月1回10:00～11:30
　　　　　（受付9:15～9:45）
問／健康推進課 TEL0224-22-1362

一時預かり

保護者の入院や通院、学校行事への参加、育児疲れによる負担軽減など、一時的に保育を必要とするときに子どもを預けられる。事前登録が必要。
●緊急保育サービス（1事由30日以内）
入院、通院、看護、介護、出産、冠婚葬祭など緊急、一時的なもの
●私的理由の保育サービス
　（1週間に3日以内）
学校行事、リフレッシュなど
対象／市内在住の生後6カ月から小学校就学前の子どもを持つ保護者など。
利用時間／月～金曜8:30～16:30（祝日、12月29日～1月3日を除く）
実施場所／白石市南保育園（南町1-7-20）
料金／1人当たり4時間以上1200円。4時間未満700円。昼食を伴う場合は350円加算。
問／南保育園 TEL0224-26-2915

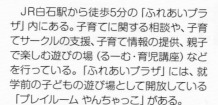
地域子育て支援センター

JR白石駅から徒歩5分の「ふれあいプラザ」内にある。子育てに関する相談や、子育てサークルの支援、子育て情報の提供、親子で楽しむ遊びの場（るーむ・育児講座）などを行っている。「ふれあいプラザ」には、就学前の子どもの遊び場として開放している「プレイルーム やんちゃっこ」がある。

＜プレイルーム　やんちゃっこ＞
開館日／月～金曜
開館時間／9:30～11:30、14:00～16:00
休館／土・日曜、祝日、年末年始
利用料／無料
所在地／白石市字本町27
問／ふれあいプラザ
　　　TEL0224-22-6025

●支援センター事業
対象／0歳～就園前の子どもと保護者
◆子育て相談
　子育てに関するいろいろな悩みや戸惑いに専門スタッフが相談に対応する。
受付日時／8:30～17:15（土・日曜、祝日、年末年始を除く）
※来館・電話・メール可
メール／kosodate@city.shiroishi.miyagi.jp
◆年齢別子育てサークル「るーむ」
　子どもの年齢や発達に合わせた遊びを親子で楽しむ。子育て中の母親らの集いの場にもなっている。
対象児／
「にこにこるーむ」2カ月～7カ月児
「わくわくるーむ」8カ月～1歳2カ月児
「らんらんるーむ」1歳3カ月～1歳11カ月児
「さんさんるーむ」2歳～就園前児
「あいあいデー」2カ月～就園前児
実施日時／各るーむ月1回9:45～11:00

※開催2日前までの事前申し込み
　（各るーむ定員あり）
◆主な育児講座
　実施日時／不定期 10:00～11:00
＜ベビーあいあい＞
　産後2カ月～7カ月の母親対象。乳児へのベビーマッサージや母親のセルフコンディショニングを行う。
＜りとるあいあい＞
　生後8カ月～1歳11カ月の乳幼児と保護者が対象。音楽に合わせながら体を動かし、親子のスキンシップを楽しむ。
＜絵画造形教室＞
　おおむね2歳～就園前の幼児と保護者が対象。いろいろな素材を使いながら、造形遊びを親子で楽しむ。
＜絵本の読み聞かせ会＞
　0歳～就園前の子どもと保護者対象。0歳から楽しめる絵本を紹介する。

しろいし赤ちゃんの駅

乳児を連れて安心して外出ができるよう、授乳やおむつ交換、ミルク用のお湯が提供できる店や施設。案内板を掲示している。
問／子ども家庭課 TEL0224-22-1363

しろいし子育てハンドブック「子育てホっとマップ」

子育て支援施設、市内の遊び場、子育てへの助成、ふれあい遊びなど、就学までの子育て支援に関する情報をまとめた冊子。子育て支援サイトでも閲覧可。
問／子ども家庭課 TEL0224-22-1363

子育て支援サービスの利用料助成

子育て世帯の経済的負担軽減のため、一時預かり事業やファミリーサポートセンター事業などの利用料を助成する。
対象／白石市在住、市税に未納がない世帯
助成金／子ども1人当たり年間最大で1万5000円まで
問／子ども家庭課 TEL0224-22-1363

家庭で、仲間で、地域で、みんなが
子育てを楽しむ 心ゆたかな角田っ子の育成

角田市

〒981-1592
角田市角田字大坊41
TEL0224-63-2111
人　口／2万6977人
世帯数／1万1523世帯
面　積／147.53平方㌔
（2023年10月31日現在）

角田市牟宇姫シンボルキャラクター
むうひめ

子育て支援センター

　角田小学校そばの「角田児童センター」内にある。子育て中の親子が気軽に集まり、相互交流しながら不安や悩みを相談できる。
　また、親子で参加できる子育て講座や絵本の読み聞かせ、季節の行事なども行っている。さらに、毎月の予定などを記した「まめっこ通信」を発行している。
●自由来館
対象／生後3カ月～未就学児とその保護者
開／月～金曜9:00～11:30
利用料／無料
休／土・日曜、祝日、12月29日～1月3日
●電話相談
　子どもの成長や育児について、遊び場など気軽に相談できる。
実施日時／月～金曜 9:00～15:00
問／子育て支援センター
　　TEL0224-62-4360

赤ちゃんママのヨガ＆ストレッチ

一時預かり事業

　仕事や通院など突発的な事情で一時的に保育が困難な場合、市内の「一時預かり事業者」が子どもの保育を行う。
利用時間／8:00～18:00
　　　　　（その他の時間については応相談）
料金／8:00～18:00の間で1時間500円（日曜、祝日、お盆、年末年始は600円）。それ以外は30分毎100円加算
事業者連絡先／NPO法人角田保育ママの会
　　　　　　　TEL090-3753-4251

角田市総合保健福祉センター（ウエルパークかくだ）

●乳幼児相談
・おたんじょう相談
　身長・体重測定、RDテスト、運動あそび、栄養指導、歯科指導、個別相談などを行う。
対象／1歳児とその保護者
・子育て世代のための心理士相談
　子どもの発達、育児の悩み、家族関係での悩みなどについて、心理士が相談に応じる。
対象／子育て中の家族
・ほっぺ相談
　（子育て世代包括支援センター事業）
　妊娠から子育て中の家族のさまざまな相談に応じる。
対象／妊婦とその夫、育児中の親子（祖父母）
問／子育て支援課 TEL0224-63-0134

ブックスタート

　3～5カ月児健診終了後に、実施会場でボランティアによる絵本の読み聞かせとプレゼントを行う。また、市内の子育て新情報を紹介する。
問／社会福祉協議会 TEL0224-63-0055

子ども図書館

　角田市図書館南側にあり、絵本を中心に紙芝居や大型絵本、育児関係の本など約1万冊をそろえている。　ベビーカーも一緒にそのまま入ることができる。ベビーシートやチャイルドチェア付きのトイレあり。じゅうたん敷きのおはなしの部屋は床暖房で快適。
所在地／角田市角田字牛舘10
　　　　（市民センター敷地内）
開／10:00～18:00（第1・3水曜は19:00まで、土・日曜は17:00まで）
休／月曜、祝日、年末年始など
●おはなし会
　ボランティアや図書館司書が、絵本の読み聞かせや紙芝居をしたり、親子で手遊びなどをして交流する。要予約。
※予定が変更になる場合あり。図書館ウェブサイトで確認を。
実施日時／毎月第2水曜 10:30～
　　　　　第4土曜 15:00～
問／図書館 TEL0224-63-2223

子ども医療費助成制度

　通院・入院とも18歳になる年度末までの子どもを対象に医療機関で健康保険が適用される診療を受けた際の自己負担額を全額助成する。助成を受けるには子ども医療費受給資格登録申請が必要。
問／子育て支援課 TEL0224-63-0134

**地域ささえあい事業
（子育て支援）**

父・母いずれかが市内に住所を有する方で、生まれた子ども1人に対して、子育て支援金として5000円を支給している。（生後6カ月以内での申請が必要）

問／社会福祉協議会 TEL0224-63-0055

 **かくだスポーツビレッジ内
交通公園「どんぐりぱーく」**

自転車や足こぎ式ゴーカートで、親子で楽しく交通ルールを学べる公園。さらに幼児から使用できる遊具があり、芝生も広がっている。たくさん遊んだ後には隣接の道の駅で食事をするのがお勧め。秋にはドングリ拾いが楽しめる。
問／角田市総合体育館
　　TEL0224-63-3771

 **スポーツ交流館
親子の遊び場**

エア滑り台、ジャンボ積み木、トンネルハウスなどたくさんの屋内遊具で体を動かし楽しめる遊び場。「どんぐりぱーく」に来たけれど雨が降ってきた時、暑い日、寒い日、少し休憩したい人などにもお薦め。
対象／未就学児
開／日〜金曜
休／土曜、祝日
問／スポコムかくだ TEL0224-87-8796

交通公園「どんぐりぱーく」

放課後児童クラブ

昼間保護者のいない家庭の児童の安全確保、および情操豊かな心を育む援助のため開設している。

実施場所・問／
●角田児童クラブ
　（角田字牛舘17-3＜角田児童センター内＞）
●角田第2児童クラブ
　（角田字牛舘41＜角田小学校内＞）
●横倉児童クラブ
　（横倉字杉の堂7＜横倉小学校内＞）

●金津児童クラブ
　（尾山字荒町125-1＜金津小学校内＞）
●桜児童クラブ
　（佐倉字小山78-1＜桜小学校内＞）
●北郷児童クラブ
　（岡字阿弥陀入11-2＜北郷小学校内＞）

休／日曜、祝日、12月29日〜1月3日
利用時間／放課後〜18:30（学校休業日は8:00〜18:30）
利用料金／月3500円（平日＜授業日・学校休業日＞のみ利用の場合。
　　　　　平日・土曜利用の場合は月4500円）
対象／小学1〜6年生
問／角田児童クラブ・角田第2児童クラブ
　　TEL0224-62-4360（角田児童センター）
　　その他の児童クラブ
　　TEL0224-63-0055（角田市社会福祉協議会）

※土曜は市内全地区の児童を集約し
　角田児童センター1カ所で実施

 かくだスポーツビレッジ内
**角田市
総合体育館**

様々な室内競技のできる競技場をはじめ武道場やトレーニング室、会議室などがあり、気軽にスポーツ・レクリエーション活動ができる拠点として利用されています。

・競技場（アリーナ）・武道場・トレーニング室・幼児体育室

利用時間／午前9時から午後9時
休館日／毎月第4火曜日（祝日の時は翌日）
　　　　12月28日から1月4日まで
　　　　そのほか臨時休館あり

〒981-1504 角田市枝野字青木155-31
TEL0224-63-3771

 **角田市屋内温水プール**

施設紹介●●●●●●●
　25メートルのメインプール、子ども・幼児プール、ジャグジー、ウォータースライダーなどがあり、年間を通じて利用が可能です。

施設概要●●●●●●●
営業時間／9:00〜21:00（遊泳時間は10:00〜21:00）
休館日／毎週火曜日（祝日は翌日）、年末・年始

〒981-1504 角田市枝野字青木155-75 TEL0224-61-1212

 **角田市市民センター**

〒981-1505
宮城県角田市角田字牛舘10
Tel0224-63-2221 Fax0224-63-5633

蔵王町観光PRキャラクター
ざおうさま

蔵王町

子どもを生み育てることを喜び、
悩みを共に分かち合い、支えあえる町

〒989-0892
蔵王町大字円田字西浦北10
TEL0224-33-2211
人　口／1万1108人
世帯数／4591世帯
面　積／152.8平方㌔。
（2023年9月30日現在）

子ども医療費助成制度

18歳に達する年度末までの子どもを対象に医療機関で健康保険が適用される診療を受けた際の自己負担額を助成する。
問／町民税務課
　　TEL0224-33-3001

ざおう子育てサポート事業

通院や習い事など何らかの用事で子どもを預かってほしいときに地域の協力会員が一時的に子どもを預かる。
①会員になれる方
依頼会員／蔵王町在住、または蔵王町内に勤務するおおむね生後3カ月～小学6年生の子どもを持つ保護者
協力会員／子育ての援助が可能な蔵王町在住者
②利用内容
開／8:00～18:00
料金／月～金曜1時間当たり1人500円
　　　土・日曜、祝日1時間当たり1人600円
預かり場所／協力会員の自宅、児童館、町子育て支援センター
問／子育て支援センター
　　TEL0224-33-2122

すこやか養育助成金

町内に住んでいる間に生まれた子どもの数が3人以降なら40万円支給する。定住要件あり。
問／子育て支援課
　　TEL0224-33-2122

任意予防接種助成

インフルエンザワクチンを中学3年生は無料、6カ月～中学2年生は1回1000円の自己負担で接種できる。おたふくかぜワクチンは満1歳～3歳未満児を対象に1回1000円の自己負担で接種できる。
問／子育て支援課 TEL0224-33-2122

子育て支援センター

地域福祉センター内にあり、子育て講座や子育て相談などを実施している。
●子育て相談（来所相談・電話相談）
子どもの発育や、子育ての悩みなど育児について相談できる。
開／月～金曜 9:00～17:00（土・日曜、祝日、年末年始は休み）
問／TEL0224-33-2122

親子でゆったり過ごせる

広い空間で伸び伸び遊ぼう

●ふれあい広場（自由開放）
親子で自由に遊びながら過ごすことができる。
開／月～金曜 9:30～12:00、13:30～16:00
（土・日曜、祝日・年末年始は休み）

児童館

親子が自由に遊べる場所づくり、学童保育、子ども会育成会、母親クラブなどの活動支援を行う。
●放課後児童クラブ
放課後、保護者が仕事などのため、昼間家庭にいない小学1～6年生を対象に開設している。
開／放課後～18:30（学校休業日は7:30～18:30）
休／土・日曜、祝日、年末年始
●育児支援
あそび場の提供や、子育てについての情報交換、仲間づくりを行う。
実施場所・問／
永野児童館 TEL0224-33-2010
円田児童館 TEL0224-33-2037
宮児童館 TEL0224-32-2003
遠刈田児童館 TEL0224-34-2204
平沢児童館 TEL0224-33-4177

母子手帳アプリ「ざおう子育てアプリ」

妊娠から出産、育児までをフルサポートしてくれる子育て支援アプリ。
主な機能／子育てに関するイベント情報、予防接種管理、妊婦健診や乳幼児健診の記録、記念日や成長の記録
問／子育て支援課 TEL0224-33-2122

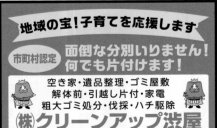

地域の宝！子育てを応援します
市町村認定 面倒な分別いりません！何でも片付けます！
空き家・遺品整理・ゴミ屋敷
解体前・引越し片付・家電
粗大ゴミ処分・伐採・ハチ駆除
㈱クリーンアップ渋屋
▼ホームページはこちら
LINEでご相談・お見積もり
LINE@ はじめました。
蔵王町宮字館山5-1
TEL0224-26-9958

子どもたちの健やかな成長を応援します
天然温泉付分譲地
Think Human Resort
蔵王山水苑
私たちは、「蔵王福祉の森構想」を推進しています。
株式会社 Nコーポレーション
〒989-0916 蔵王町遠刈田温泉字小妻坂75-31
TEL:0224-34-2341 FAX:0224-34-2869

蔵王町ふるさと文化会館
ございんホール
施設案内
多目的ホール、第1・2楽屋、第1・2会議室、第1・2・3研修室、第1・2和室、調理室、創作の部屋、展示室、スタジオ、蔵王町立図書館 併設
開館時間
8時30分～22時
休館日
毎月第1月曜日、年末年始
蔵王町ふるさと文化会館（ございんホール）
蔵王町大字円田字西浦5
TEL0224-33-3018（蔵王町教育委員会生涯学習課）

七ヶ宿町

〒989-0592
七ヶ宿町字関126
TEL0224-37-2111
人　口／1224人
世帯数／596世帯
面　積／263平方㌔
（2023年10月31日現在）

出生祝金

●出産祝い金
　七ヶ宿町在住6カ月～1年未満の世帯に子どもが生まれたとき、町商品券を支給する。（第1子1万円、第2子2万円、第3子以降3万円）
●子育て応援支援金
　七ヶ宿町在住1年以上で定住を前提にする世帯に子どもが生まれたとき、第1子10万円、第2子15万円、第3子以降20万円の祝い金を支給。また小中学校入学時にそれぞれ5～15万円、高校入学時には10～20万円を支給する。
　基準日以降1年以内に転出したり退学などで在学しなくなったときは返還の対象となる。
問／町民税務課
　　TEL0224-37-2114

子ども医療費助成制度

　通院・入院（入院時食事代含む）とも18歳までの子どもを対象に医療機関で健康保険が適用される診療を受けた際の自己負担額を全額助成する。助成を受けるには子ども医療費受給資格登録申請が必要。
問／町民税務課
　　TEL0224-37-2114

妊娠中から子育てのことまで 相談サービス

　七ヶ宿町在住者に限り無料で、妊娠中から産後の悩み、育児中の質問や悩みをスマホの専用アプリを使い専門医などに相談できる。
問／健康福祉課
　　TEL0224-37-2331

妊婦のための助成事業

●交通費などの助成
　妊婦健診を受けるために必要な交通費などとして5万円の助成を行っている。
●産後ケア利用費助成
　心身や育児に関するケアが受けられる施設利用費の一部助成を行っている。
●出産のための家族宿泊費助成
　出産前後に病院に入院している妊婦の家族宿泊費の一部助成を行っている。
問／健康福祉課TEL0224-37-2331

子育て助成金

　乳児の健やかな成長を支えるため、健診費用を助成している。また、紙おむつ購入費用として3歳までの間、月2000円の助成を行っている。
問／健康福祉課 TEL0224-37-2331

各種助成事業

●任意予防接種助成
おたふくかぜワクチン
…18歳まで全額助成（申請が必要）
インフルエンザワクチン
…高校生まで一部助成
問／健康福祉課 TEL0224-37-2331

子育て世代情報配信サービス

　アプリを使い、子育てに役立つ町の情報やお知らせをタイムリーに配信、子どもの成長

記録や予防接種のスケジュールが管理できる。
問／健康福祉課TEL0224-37-2331

七ヶ宿放課後児童クラブ

　保護者が就業などにより昼間、家庭にいない小学1～6年生に対して、授業の終了後や長期休業中に適切な遊びや生活の場を提供し、健全な育成を図ることを目的に開設している。
対象／小学生
実施場所／開発センター（七ヶ宿町字関126）
休／土・日曜、祝日、12月29日～1月3日
利用時間／放課後～18:00
　　　　　（学校休業日は8:00～18:00）
問／教育委員会 TEL0224-37-2112

保育料無料・給食費無償化

　生後11カ月から入所可能な七ヶ宿町関保育所は保育料と給食費が無料。また、小中学校の給食費も無償化している。
問／教育委員会 TEL0224-37-2112

手遊びを楽しむ園児

〒989-1295
大河原町字新南19
TEL0224-53-2111
人　口／2万3553人
世帯数／1万462世帯
面　積／24.99平方㌔。
（2023年10月31日現在）

大河原町観光PRキャラクター
さくらっきー

大河原町

支えあい、繋がりあい、
子どもとともに未来をつくる

子育て支援センター

子育てに関する相談や、子育てサークルの支援、子育て情報の提供などを行う。
対象／主に就学前の乳幼児とその保護者
開／月〜土曜 9:30〜12:00、13:30〜16:30
休／日曜、祝日、年末年始
●「みらいのひろば」の自由開放
子育て中の保護者や子どもが気軽に集える。
開／月〜土曜 9:30〜12:00、13:30〜16:00
休／日曜、祝日、年末年始
●一時預かり保育
保育所・幼稚園・認定こども園に在籍していない満9カ月から小学校就学前の児童を一時的に預かり保育をする。事前に利用申請が必要。昼食・おやつの提供はなし（必要な場合は持参）。
利用日／月〜金曜（祝日・年末年始を除く）
時間／9:00〜16:00
料金／1時間当たり　9カ月〜2歳児250円、3歳児〜就学前150円
●乳幼児子育てLINE相談
育児の悩みや不安、困っていることなどを匿名で相談できる。
受付時間／月〜金曜9:30〜12:00、13:00〜16:00
問／世代交流いきいきプラザ内
子育て支援センター TEL0224-51-9297

子ども医療費助成制度

通院・入院とも18歳までの子どもを対象に医療機関で健康保険が適用される診療を受けた際の自己負担額を全額助成。助成を受けるには子ども医療費受給資格登録申請が必要。
問／子ども家庭課 TEL0224-53-2251

子育て相談

子どもの成長やしつけについて、遊び場や保育所のことなど気軽に相談できる。
実施日時／月〜金曜 9:00〜17:00
実施場所・問／
子育て支援センター TEL0224-51-9297
桜保育所　　　　　TEL0224-52-6613
上谷児童館　　　　TEL0224-53-3089
児童センター　　　TEL0224-52-9877

出生祝い金

第3子以降の子どもが生まれた家庭へ出生祝い金として子ども1人につき10万円を支給。
問／子ども家庭課 TEL0224-53-2251

駅前図書館の取り組み

駅前図書館の「絵本と学びのへや」は、絵本エリアと学びエリアに分かれ防音ガラスで仕切られているため、絵本エリアでは親子で読み聞かせもゆったり楽しめる。授乳・オムツ換えスペース完備。
●ハッピータイム
小さな子どもとその保護者向けの読み聞かせ。図書館で遊んで楽しい時間を提供する。
実施日時／第1水曜10:30〜11:30
●お話し会
ボランティアと司書による絵本や紙芝居の読み聞かせ、手遊びなどを楽しむ。
実施日時／第2土曜11:00〜11:30
●星と宇宙の教室
星や星座、人工衛星、ロケットなど、さまざまな宇宙のことを教わる。
実施日時／第4土曜11:00〜11:45
問／駅前図書館 TEL0224-51-3330

おおがわら子育てアプリ

妊娠期から子育て期の世帯への情報提供を行うアプリ。予防接種管理や成長記録管理ができるほか、子育てイベント情報の配信も行っている。
利用料／無料
問／子ども家庭課 TEL0224-53-2251

ファミリー・サポート・センター事業

育児などの援助を受けたい人（依頼会員）と行いたい人（提供会員）からなる会員制の組織。子どもの預かりや、保育施設などへの送迎の際に利用できる。保険は町で加入する。
①会員になれる方
依頼会員／大河原町に住所を有し、生後6カ月から小学校6年生の子どもと同居している人
提供会員／大河原町に住所を有し、20歳以上でセンターが実施する講習を修了した人
②利用料金
託児終了後、利用会員から協力会員に直接利用料金を支払う。（3歳未満の子どもの利用、ひとり親家庭・非課税世帯などに利用料金の助成制度あり）
料金／7:00〜19:00の間で1時間当たり一人600円。土・日曜、祝日、上記の時間外は700円
問／ファミリー・サポートセンター
TEL0224-51-9960

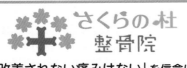

こどもたちの声ひびき
元気な笑顔が集うまち

村田町

〒989-1392
村田町大字村田字迫6
TEL0224-83-2111
人　口／1万68人
世帯数／4080世帯
面　積／78.38平方*。
（2023年10月1日現在）

村田町観光PRキャラクター
くらりん

子育て支援センター

子育てに関する相談や、子育てサークルの支援、子育て情報の提供、親子で楽しむイベントなどを行っている。有料で一時預かりも行う。
「ぶどうの部屋」（交流ホール）
滑り台やトミカ、絵本コーナーなど
「りんごの部屋」（和室）
知育玩具、赤ちゃん用玩具、人形、ままごと
「めろんの部屋」（開放日あり）
三輪車、乗用玩具、鉄棒、ブランコなど
「戸外遊具」
アンパンマン複合遊具、アンパンマンバス、ロッキングドキンちゃん、砂場
対象／未就学児とその家族
開／月～金曜 9:00～12:00、13:00～16:30
利用料／無料
休／土・日曜、祝日、年末年始
場所／多世代交流センター内
　　　村田町大字村田字大槻下5
問／子育て支援センター
　　TEL0224-83-3901

大きなアンパンマンがお出迎え

満1歳祝金

出生後最初の住民登録を村田町にしてから満1歳の誕生日を迎えるまで継続して本町に住所がある子どもの保護者に祝金（第1子・第2子5万円、第3子以降10万円）を支給する。
問／子育て支援課 TEL0224-83-6405

明るい光が差し込む「ぶどうの部屋」

育児スターターキット・紙おむつ券支給

出生後最初の住民登録を村田町にした子どもの保護者を対象に、誕生してすぐに使え

すくすく くらりんボックス

る用品を箱いっぱいに詰め込んだ「すくすくくらりんボックス」または町内取扱店で使用できる「紙おむつ券」を贈呈する。
問／子育て支援課 TEL0224-83-6405

出産育児一時金

国民健康保険の加入者の方が出産する場合、出生児1人につき50万円が支給される。退職後6カ月以内の出産で、以前の健康保険などから同様の給付を受けられる場合は適用外となる。
問／町民生活課 TEL0224-83-6401

子育て支援ゴミ袋支給

子育て家庭の経済的負担を少しでも軽減できるよう、子どもの紙おむつなどの処理に使用する指定ごみ袋を支給する。
問／子育て支援課 TEL0224-83-6405

親子ふれあいブックスタート

4カ月児健康診査を受診する保護者に対して乳児を対象とした絵本を贈呈する。
問／子育て支援課 TEL0224-83-6405

第3子以降保育料等助成事業

多子世帯の子育て家庭の経済的負担の軽減を図ることを目的に、第3子以降の児童に係る保育料などを月額最大5000円助成する。
問／子育て支援課 TEL0224-83-6405

「花のまち柴田」
イメージキャラクター
はなみちゃん

みんなで育てよう・きらりと光るしばたの子

柴田町

〒989-1692
柴田町船岡中央2-3-45
TEL0224-55-2111
人　口／3万6863人
世帯数／1万6390世帯
面　積／54.03平方㌔。
（2023年10月1日現在）

子育て支援センター

船迫こどもセンター内にあり、子育て講座や子育て相談などを実施している。
開／月～土曜8:30～17:00
対象／就学前の子どもとその保護者
所在地／柴田町大字船岡字若葉町10-16
問／船迫こどもセンター
　　TEL0224-55-5541

支援センターでの親子遊び

ファミリー・サポート・センター事業

子育ての援助を受けたい人（利用会員）と行いたい人（協力会員）からなる会員制の組織。保険加入。次のようなときに利用できる。
・子どもの預かり
・保育施設などへの送迎
①会員になれる方
利用会員／柴田町に住所を有し、生後6カ月から小学校6年生の子どもと同居している人
協力会員／柴田町に住所を有し、20歳以上でセンターが実施する講習を修了した人
②利用料金
託児終了後、利用会員から協力会員に直接利用料金を支払う。
料金／7:00～19:00の間で1時間当たり1人

600円。土・日曜、祝日、年末年始、上記の時間外は700円
問／ファミリー・サポート・センター
　　TEL0224-87-7871

預かり中に子どもと遊ぶ協力会員

ブックスタート

①絵本と赤ちゃんの初めての出会いを応援するため、4カ月児健康診査時に絵本をプレゼント。ボランティアによる読み聞かせも実施。
問／柴田町図書館 TEL0224-86-3820
②親子に絵本を通して絆を深めてもらうため1歳6カ月児健康診査時に民生委員・児童委員より絵本をプレゼント。
問／柴田町社会福祉協議会
　　TEL0224-58-1771

ゆとりの育児支援事業

保護者の緊急時などに対応するため、保育所の機能を生かして育児支援を行う。
●特定保育
保護者の就労、職業訓練、就学などにより、週2、3日以内の範囲で家庭での保育ができない児童を預かる。
●一時保育

保護者の傷病、出産などにより緊急に家庭で保育ができない場合、1週間程度児童を預かる。または月2、3日程度児童を預かる。
対象／柴田町在住で保育所や幼稚園に在籍していない満10カ月～小学校就学前までの児童
開／月～金曜 8:30～15:30
利用料／1人当たり日額1100円（給食費別）
実施場所・問／
船岡保育所 TEL0224-55-1253
槻木保育所 TEL0224-56-1332
西船迫保育所 TEL0224-57-1387

育児ヘルプサービス事業

育児や家事などの支援を必要とする家庭にホームヘルパーを派遣する。
対象／町内に居住する出産予定日4週間前（28日）～産後8週（56日）以内の妊産婦で、昼間に家事などの介助をしてくれる者がいない、または多胎で出産する（出産した）妊産婦
サービス内容／育児支援、居室の清掃など
利用料／1時間当たり600円
　　（世帯の課税状況により減額あり）
問・申し込み／子ども家庭課
　　TEL0224-55-2115

育児サークル代表者研修会

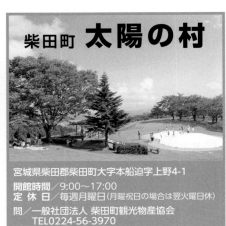

子どもは、希望の星・みんなの宝もの

川崎町

〒989-1501
川崎町大字前川字裏丁175-1
TEL0224-84-2111
人　口／8156人
世帯数／3433世帯
面　積／270.77平方㌔。
（2023年9月30日現在）

川崎町観光PRキャラクター
チョコえもん

子育て支援センター（幼児教育課）

　乳幼児やその保護者を対象に、かわさきこども園に併設された施設で、親子一緒の遊び、育児講座、子育て相談、一時預かりを行い、楽しく安心して子育てできる環境を提供する。

●わんぱく広場
（0歳児ひよこクラス、1〜5歳児うさぎクラス、0〜5歳児全クラス）
　・専任保育教諭がさまざまな遊びを準備
　・開催／各広場月2回程度 10:00〜11:30
●ふれあい広場
　・施設を活用した親子での自由な遊び
　・開催／月20回程度
　　　　　9:00〜11:30、14:30〜16:30
●わくわく広場
　・こども園や幼稚園の施設見学と交流活動
　・開催／年4回程度 10:00〜11:30
●育児講座
　・外部から講師を招いてのイベント開催
　・講座開催（例）
　　食育の会、ベビーマッサージ、親子ヨガ、

運動遊びなど
　・開催／月2回程度 10:00〜11:30
※これら五つの年間活動予定を記載した「子育て支援カレンダー」を町ウェブサイトに掲載
●一時預かり
　対象児／次の条件を全て満たす乳幼児
　　　　　①生後10カ月以上 ②町内在住
　　　　　③未入園児
　利用理由／保護者の就労、出産など
　利用料／1日700円〜1500円※年齢や預かる時間によって異なる
　利用時間／月〜金曜8:00〜16:00

育児講座（運動遊び）

子育て世代包括支援センター（保健福祉課）

　2020年4月に「子育て総合相談窓口」を開設。妊娠、出産、乳幼児期から学童期・思春期までの子育て期にある人の、育児や家族関係の心配や悩み、諸手続きなどについて、保健師などの専門スタッフが面接や電話で相談に応じる。

●川崎町の取り組みの特徴
　・相談内容に応じて関係機関と協力して取り組む
　・地区を担当する保健師が、顔の見える関係を大切にしながら、出産前から長く切れ目なくサポートする

妊娠、出産や子育ての相談に応じる

子育て支援 県内トップクラス！

<出産時>
●健やか誕生祝い金（保健福祉課）
　子どもが誕生したときに、祝い金を支給する。
　・第1子、第2子…祝い金10万円
　・第3子以降…祝い金30万円
●産後ケア事業
　出産後（1歳まで）の母親と乳児のためのサポート。宿泊型は日額1500円、日帰り型は日額1000円、訪問型は日額500円。各種7日まで利用可。

<乳児>
●乳幼児応援助成券支給（保健福祉課）
　紙おむつやミルクなどの購入を助成する。
　・出生から1年間、毎月1万円、年間で12万円を支給

<誕生から18歳まで>
●子ども医療費助成事業（保健福祉課）
　18歳の年度末まで、医療費を助成する。
　・健康保険適用分を助成
　　※ただし、入院中の食事療養費は半額助成

<小・中学生>
●児童教室（放課後児童クラブ）（幼児教育課）
　町内全ての小学校に、児童教室を設置している。
　・利用料／月額2000円、おやつ代月1500円
　・兄弟姉妹で在籍時の利用料／
　　2人目半額、3人目以降無料
●学校給食費無償化（学務課）
　町内に住民登録し、町内の小・中学校に通学する児童生徒が対象。

81

こどもの未来を全力応援！

丸森町

〒981-2192
丸森町字鳥屋120
TEL0224-72-2111
人　口／1万1947人
世帯数／4928世帯
面　積／273.3平方＊。
（2023年11月1日現在）

丸森町PR大使
しょこ丸

MRSK WARASKO
妊娠期から18歳までの相談窓口

子育て相談窓口「WARASKO」

　妊娠期から子育て期までの総合相談窓口。母子手帳交付からきめ細やかな支援を行う。電話、対面、メールで、妊娠・育児中の困りごとなどをなんでも気軽に相談できる。
相談時間／8：30～17：15（月～金曜）
問／WARASKO（子育て定住推進課子ども家庭班内）　TEL0224-87-7521

オンライン医療相談

　日々の体調や心配ごとを相談できる「産婦人科・小児科オンライン」（KidsPublic提供）を、町民なら無料で何度でも利用できる。公式LINEでは妊娠・出産・育児に役立つコラム掲載やライブ配信もある。会員登録には町民限定の「合言葉」が必要。
問／WARASKO TEL0224-87-7521

1歳児・3歳児健やか絵本事業

　1歳6カ月児健診、3歳児健診時にこどもの名前入りオリジナル知育絵本をプレゼントする。
問／WARASKO TEL0224-87-7521

絵本に親しむこどもたち

電子母子手帳「まるもりすくすくナビ」

　予防接種や成長記録の管理が行えるとともに、アプリを通じて町から妊娠・子育て世帯に役立つ情報も配信する。
問／WARASKO TEL0224-87-7521

家事・育児支援サービス利用応援事業

　子育て家庭の家事・育児負担軽減のため、家事代行やキッズシッターなどの利用に充てられる5万円分の「WARASKOクーポン」を交付する。未就学児のいる世帯が対象。
問／WARASKO TEL0224-87-7521

妊娠・出産祝金の支給

　妊娠届時に3万円分のギフト券を贈呈。転入してきた妊婦も対象。出産した後は10万円の現金を町長が贈呈し、丸森っ子の誕生をお祝いする。
※金額は2023年度現在
問／WARASKO TEL0224-87-7521

第2子以降保育料等無料化

　町内の保育施設を利用するこどもが第2子以降の場合、保育料や副食費を無料化し、育児の経済的な負担を軽減する。
問／子育て定住推進課保育支援班
　　TEL0224-72-3013

しあわせ丸森暮らし応援事業補助金

　申請者が45歳未満で、夫婦世帯または中学生までのこどもがいる世帯に対して、補助金を支給する。
・新築住宅取得（最大300万円）
・住宅リフォーム支援（最大100万円）
・新生活応援（民間賃貸住宅）（最大10万円）
問／子育て定住推進課定住推進班
　　TEL0224-51-9905

充実の子育て支援

●こども医療費助成
　18歳までのこどもを対象に、通院・入院など医療機関での自己負担額を全額助成する。
●子育て支援センター
　町内2カ所に設置。こどもの遊び場や育児相談、情報交換の場として利用できる。
●一時保育事業
　保護者の育児ストレスや疲労の解消を目的とし、保育施設に入所していないこどもの一時的な預かりを行う。※こどもが2歳未満の場合、利用クーポンの交付あり
●町営学習塾
　中学生を対象に家庭学習習慣の定着と学力向上を図れるよう完全予習型の町営塾を実施。
●学校給食費無償化
　小中学生の給食費を無償化。
※他にも子育て支援が盛りだくさん。詳しくはウェブサイトで確認を。

石巻エリア

子育て行政サービス

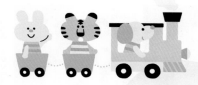

スマイル子育て・石巻
~子どもの笑顔・育てる喜びあふれるまち~

石巻市

〒986-8501
石巻市穀町14-1
TEL0225-95-1111
人　口／13万5045人
世帯数／6万2507世帯
面　積／554.55平方㌔
（2023年10月31日現在）

【休日・夜間当番医】

- 石巻市夜間急患センター
  TEL0225-94-5111
- 休日等救急当番医の
  情報は市のHPに掲載

石巻市子育て世代包括支援センター「いっしょ issyo」

妊娠期から子育て中の方を対象とした総合窓口で、妊娠、出産、子育てに関するさまざまな相談や情報提供を行っている。
問／子育て支援課相談直通
TEL0225-24-6848
いっしょ issyoへびた
TEL0225-24-6878
いっしょ issyoえきまえ
TEL0225-98-4158

外遊びも気持ちいい

縁日ごっこで月夜のぽんちゃらりんをみんなで踊ったよ

助産師による産前産後・心とからだのトータルケア・妊産婦相談

妊婦およびその家族を対象とした講座。妊娠、出産、子育てに関する知識が得られる。また、個別に妊娠中や産後の母乳栄養や育児について助産師が相談に応じる。1人1時間程度で要予約。
問／子育て世代包括支援センター
いっしょ issyoえきまえ
TEL0225-98-4158

育児ヘルパー事業

「家事・育児が大変で余裕が持てない」「産後、手伝ってくれる人がいない」等の家庭に対して育児ヘルパーを派遣し、育児や家事の手伝いを一緒に行う。
対象者／市内に住所を有し、妊娠中（母子健康手帳の交付を受けた方）および産後で、出産前後に日中家事や育児を手伝ってくれる人がいない方
期間／母子健康手帳交付後から産後6カ月の前日まで

回数／原則20回以内
（多胎児の場合30回以内）
問／子育て支援課
TEL0225-95-1111（内線2554）

妊婦歯科健康診査事業

妊娠中に指定歯科医療機関で、無料で歯科健診を1回受けられる。
妊娠期はつわりによる不十分な歯みがき、女性ホルモンの変化等により、むし歯や歯周病になりやすい。重度の歯周病は早産や低体重児出生に影響を及ぼすといわれている。
赤ちゃんが生まれると自分のための時間をつくることが難しくなるため、ぜひこの機会に受診しよう。妊婦歯科健康診査は、安定期の体調の良いときに受診を。
対象者／市内に住所を有し、妊婦歯科健康診査受診券の交付を受けている妊婦
実施場所／指定歯科医療機関
　　　　　※指定歯科医療機関に直接電話予約後、受診する
問／健康推進課
TEL0225-95-1111（内線2417）

大盛り上がりの運動会、楽しかったね

市子育て支援センター

未就学児が安心して遊べるスペースが市内各地にある。子育て中の親子が集い、仲間づくりを通して子育てに関する相談や情報交換などが行える。子どもの年齢に応じたイベントもあり、スケジュールは市ウェブサイトで随時公開している。

対象者／未就学児とその保護者（イベントにより異なる）
申し込みできる人／対象となる本人
利用料／無料（イベントなどで費用が必要になる場合がある）
申し込み／不要（イベントによっては必要な場合がある）

●湊子育て支援センター
　TEL0225-94-2366
●渡波子育て支援センター
　TEL0225-25-0567
●河北子育て支援センター
　TEL0225-61-1601
●雄勝子育て支援センター
　TEL0225-25-6331
●河南子育て支援センター
　TEL0225-72-4670
●桃生子育て支援センター
　TEL0225-76-4521
●北上子育て支援センター
　TEL0225-66-2177

●牡鹿子育て支援センター
　TEL0225-45-2197
●釜子育て支援センター
　TEL0225-24-6113
●なかよし保育園地域子育て支援センター
　TEL0225-96-4551
●マタニティ子育てひろばスマイル
　TEL0225-98-5322
●にじいろひろば
　TEL070-1142-9332

子育て応援サイト「石巻市子育てタウン」

子育てに関する行政サービス情報を探しやすく、分かりやすく紹介するウェブサイト。子育ての情報集めに活用を。
https://ishinomaki-city.mamafre.jp
問／子育て支援課
　TEL0225-95-1111（内線2553）

石巻市父子手帖（てちょう）

これから子どもを持つ父親に向けた子育て手帳。夫婦で楽しく子育てできるヒントがいっぱい。母子健康手帳交付時に配布している。

3歳未満の子どもがいる市民で希望する場合は、市役所2階の健康推進課19番窓口または各総合支所の保健福祉課窓口へ。市のウェブサイトからもダウンロードできる。
問／健康推進課
　TEL0225-95-1111（内線2424）

子育て応援アプリ「ISHIMO」

子育て世代の妊娠、出産、育児をサポートするため、子育て応援アプリ「ISHIMO」の運用を行っている。

子育て世代に必要な情報を伝える新たな情報発信手段として導入したもので、無料で利用できる。母子手帳アプリ「母子モ」をダウンロードして、自治体は「石巻」を選ぶ。家族でぜひ、活用しよう。
https://www.mchh.jp/login

問／子育て支援課
　TEL0225-95-1111（内線2553）

子ども医療費助成制度

0歳から18歳到達年度末日まで子どもの医療費を助成する。
問／保険年金課
　TEL0225-95-1111（内線2343）

東松島市

〒981-0503
東松島市矢本字上河戸36-1
TEL0225-82-1111
人　口／3万8444人
世帯数／1万6679世帯
面　積／101.30平方㌔。
（2023年11月1日現在）

イート＆イ～ナ
東松島市キャラクター

【休日・夜間当番医】
●救急・休日当番医の情報
　は市のHPに掲載

子育て支援ガイドブック

　妊娠時から18歳未満までの子育て関連情報を分かりやすく掲載した子育て支援ガイドブック。
　矢本および鳴瀬子育て支援センター、図書館、市役所本庁舎（子育て支援課、健康推進課）および鳴瀬総合支所の窓口などに設置している。
　ガイドブックは東松島市と共同発行の協定を締結した「サイネックス」（本社／大阪市）が募集した市内の事業所などからの広告収入で製作した。
　右記QRを読み込むと電子書籍版が閲覧できる。別途アプリのダウンロードが必要。
問／子育て支援課 TEL0225-82-1111

ICTを活用したさまざまなサービス

●子育て支援アプリ
　「すくすくアプリひがマーチ」

　妊娠中の体調や生まれたお子さんの記録、予防接種スケジュール管理、東松島市の子育て情報の検索・通知を受け取ることができる便利な機能が充実したアプリ。月額料金は無料（通信料は利用者負担）、アプリは下記QRからダウンロードを。

↑
アプリの
インストールは
こちら

●YouTube「イートくんチャンネル」
　東松島市のキャラクター「イートくん」が、離乳食の進め方やイヤイヤ期への対応などを分かりやすく紹介している。視聴は下記QRから。

↑
「イートくん
チャンネル」は
こちら

●クックパッド「ヒガマツ大学食育学部」
　レシピ検索サイト「クックパッド」で、地元の食材を使った離乳食レシピなどを公開している。閲覧は下記QRから。

↑
レシピは
こちら

問／健康推進課 TEL0225-82-1111

妊娠や出産・子育ての相談

　出産や子育て、子どもやお母さんの体調など気がかりなことや聞いてみたいことがあるときは、保健師や助産師、栄養士に相談を。随時電話、来所、訪問などでの相談を受け付けている。また、「妊産婦・子どもの健康相談」「子どもの心理相談会」を定期的に開催している（日程は市報で確認）。
問／健康推進課 TEL0225-82-1111

産前産後ヘルパー事業

　「妊娠中、安静に過ごすように言われたが家事を手伝ってくれる人がいない」「出産後の子育てが大変で家事をする余裕がない」「出産後、赤ちゃんのお世話を手伝ってくれる人がいない」など、妊娠中や出産後に日中家族の支援が受けられない家庭に対し、ヘルパーが家事や子育ての手伝いをする。
対象／下記全てに該当する人
　●妊娠中（母子健康手帳の交付を受けた人）または出産後のお母さん（産後6カ月未満まで利用可）
　●東松島市に住民票がある
　●日中家事や子育てを手伝ってくれる人がいない
支援内容／日常的に行う必要がある家事（調理、住居内の掃除、洗濯、買い物など）と育児（おむつ交換、衣服の着脱、授乳や沐浴（もくよく）の介助など）の手伝い
問／健康推進課 TEL0225-82-1111

産後ケア事業

「母乳やミルクが足りているか不安」「少しゆっくり休みたい」「おっぱいのケア方法を教えてほしい」「産後の体調がすぐれない」「赤ちゃんのお世話の仕方が合っているか分からない」「家族が忙しく、日中赤ちゃんと二人きりで不安」など、出産したお母さんが安心して子育てできるようサポートする。

対象／下記全てに該当する人
●産後5カ月未満のお母さんと子ども
●東松島市に住民票がある
●子ども・お母さんの体調や子育てについて話したい・聞いてみたいことがある

支援内容／子どものケアは体重測定等成長の確認、お母さんのケアは心と体の休息のお手伝い、授乳の相談（乳房マッサージを含む）、子育ての相談

問／健康推進課 TEL0225-82-1111

ファミリーサポート事業

家族が仕事や用事で子どもを見ることや送迎ができない場合、地域ぐるみで行う子育て支援活動。子育ての支援を受けたい人と、支援できる人がそれぞれ会員登録し、相互の信頼関係のもとに、子どもを預けたり預かっ

ファミリーサポート事業を上手に活用しよう

たりする。

対象／
●依頼会員…東松島市に在住か、東松島市内の事業所などに勤務し、子どもを預かってほしい方。生後2カ月から小学6年生までの子どもがいる方
●提供会員…東松島市に在住で子どもを預かることのできる方。心身ともに健康な20歳以上で、安全に子どもを預かることができる方（事務局が主催する講習会を受講することが必要）
※依頼会員と提供会員の両方に登録することもできる
※会員になるためには、ファミリーサポートセンター（矢本子育て支援センターほっとふる内）で入会申し込みをする

利用法／
●育児援助が必要なとき、依頼会員の就業や私用により子どもを預かってほしいとき、リフレッシュしたいとき

具体例／
1.保育所、幼稚園および学童保育への送迎
2.保育所、幼稚園および学童保育終了後の子どもの預かり
3.幼稚園および学校の夏休みなどの子どもの預かり
4.保護者の急病や急用などの場合の子どもの預かり
5.冠婚葬祭や他の子どもの学校行事の際の子どもの預かり
など。

利用時間／7:00〜21:00の援助を必要とする時間。宿泊は不可
※ただし、依頼会員と提供会員の合意があれば、上記以外の時間帯の援助活動も可。この場合の報酬は1時間当たり700円

1時間当たりの費用／
●月〜金曜7:00〜19:00…600円
●月〜金曜19:00〜21:00…700円
●土・日曜、祝日、年末年始（12月29日〜1月3日）…700円
※1時間を越える場合は30分単位で計算
※子どもの送迎にかかる費用、おやつなどは実費で別途依頼会員の負担
※2人以上の子ども（きょうだいの場合に限る）に支援を受ける場合の2人目以降の報酬は、1時間当たり報酬額の2分の1

支払い法／児童の引き取りの都度、依頼会員は提供会員に報酬を支払う

問／矢本子育て支援センターほっとふる TEL0225-84-2676

子育て支援センター

子育てのさまざまな相談ができる。また、子どもがのびのびと遊べ、親子や子ども同士で触れ合える。

●矢本子育て支援センター ほっとふる
TEL0225-84-2676

▲窓が多く明るい空間

●鳴瀬子育て支援センター あいあい
TEL0225-87-2338

▲さまざまな遊具がそろう

一時保育事業

保育所では、保護者の疾病、冠婚葬祭、看病介護などにより一時的に保育が必要な児童を対象とした一時保育を行っている。

利用時間／8:30〜16:30（日曜、祝日を除く）

利用料／
●2歳児以下　4時間以上2000円
　　　　　　4時間未満1000円
●3歳児以上　4時間以上1400円
　　　　　　4時間未満700円

※保育所の都合などにより、対応できない場合がある

問／子育て支援課 TEL0225-82-1111

子どもの声がこだまする
笑顔あふれるまちづくり

女川町

〒986-2265
女川町女川1-1-1
TEL0225-54-3131
人　口/5926人
世帯数/3045世帯
面　積/65.35平方㌖
（2023年10月31日現在）

女川町観光キャラクター
シーパルちゃん

【休日・夜間当番医】
●女川町地域医療センター
TEL0225-53-5511

子育て世代包括支援センター

保健師等専門職員が医療機関や子育て支援機関と連携し、妊娠期から子育て期までのさまざまな相談や悩みに対応する。各種サービスの紹介等必要な情報提供も行っている。
問/健康福祉課子育て支援センター内
　TEL0225-24-9341

おながわすくすくナビ（母子手帳アプリ）

専用アプリを導入し、妊娠から出産、育児まで子育ての支援情報を発信している。登録無料。アプリのダウンロードはこちら。
問/健康福祉課 TEL0225-54-3131

子育て支援センター

子育てに関する相談や地域情報の提供、子育てサークルへの支援や、各種子育て支援の講習会、一時預かり事業などを実施している。
場所/町役場庁舎1階
日時/月〜金曜9:00〜17:00
　　　（自由開放で来所の場合は16:30まで）
休/土・日曜、祝日、年末年始
利用料/無料（事業によっては有料）
問/健康福祉課 TEL0225-54-3131

産後ケア事業

出産や育児による体の疲れや育児不安を減らし、安心して子育てができるように実施している。
対象/女川町に住所があり、体調や育児などに不安がある方
種類/訪問型：1回につき2時間程度。産後1年未満の期間内に3回まで利用可
　　　デイサービス型：10:00〜15:00。産後5カ月未満の期間内に1回利用可
内容/健康状態の確認、乳房ケアを含む授乳アドバイス、育児相談、お子さんの発達発育状態の確認
利用料金/1回につき2000円
　　　　　※町県民税非課税世帯は1000円、生活保護世帯は無料
問/健康福祉課 TEL0225-54-3131

病児病後児保育室「じょっこ おながわ」

保護者の子育てと就労の両立を支援するため、病気中または回復期にある子どもを一時的に保育する。
　利用するには、事前に登録が必要。
対象/
・おおむね小学3年生以下の子ども
・町内に住所を有する子ども
・町内に勤務先を有する保護者の子ども
・町内に住所を有しないが、町内の保育所または小学校に在籍する子ども
利用時間/8:30〜17:00
休/土・日曜、祝日、年末年始
定員/6人
問/女川町地域医療センター

病児病後児保育室
「じょっこ おながわ」
TEL0225-53-5511

子ども医療費助成

出生から18歳到達年度まで、健康保険適用となる医療費ならびに入院時に負担する食事療養費について助成している。保護者の所得による助成の制限はない。
問/健康福祉課 TEL0225-54-3131

母子父子家庭医療費助成

18歳到達年度までの子どもを持つ一人親世帯の経済的負担軽減を図るため、健康保険適用となる医療費と入院時に負担する食事療養費の一部を助成している。所得による助成の制限はない。
助成内容/
外来…1件につき1000円を超えた自己負担額
入院…1件につき2000円を超えた自己負担額
問/健康福祉課 TEL0225-54-3131

木材利用促進事業

女川町産杉材で制作した子ども用の椅子または時計付き写真立て（名前、生年月日入り）をプレゼントする。
対象/女川町に住民票を有する新生児
問/産業振興課 TEL0225-54-3131

88

気仙沼エリア

子育て行政サービス

子どもの笑顔を育めるまち
人と人とがつながるまち

 # 気仙沼市

〒988-8501
気仙沼市八日町1-1-1
TEL0226-22-6600
人　口／5万7824人
世帯数／2万6228世帯
面　積／332.44平方㌔
（2023年10月31日現在）

気仙沼市観光キャラクター
海の子 ホヤぼーや

【休日・夜間当番医】
● 休日当番医の情報は
　市のHPに掲載

気仙沼市の「3つのゼロ」

子育て支援
けせんぬましの
3つのゼロ

　市民の声を聞きながら「子育てしやすいまち」を目指す気仙沼。2023年からは、「3つのゼロ」で子育てにかかる負担を軽減し、子育て世代を応援している。
● 小中学校の学校給食費「ゼロ」
・市立小・中学校に通う児童の給食費が無償
・特別な事情により学校給食の提供を受けていない児童生徒等の保護者に対しては、給食費相当額の支援
問／教委学校教育課 TEL0226-22-3441
● 第2子以降の保育料「ゼロ」
・認可外も含めたすべての保育施設に係る第2子以降の保育料が無償
● 待機児童「ゼロ」
・0歳児から2歳児の受け入れを強化し、保育士の追加採用を実施
・保育の必要な全てのお子さんが、いつでも保育所に入所できることを目指している
上記2つの問い合わせ／
子ども家庭課 TEL0226-22-3429

　「3つのゼロ」以外にも、以下の市独自の子育て支援で子育て世代を応援。
● 子ども医療費の年齢延長
・高校3年生まで子どもの医療費が無料
問／保険年金課 TEL0226-21-2245
● ファミサポ産後ママ応援事業
・産後1年間はファミサポ利用料を市が全額助成（月上限2万円）
・初めての育児や上のお子さんの育児との両立で悩むお母さんをお手伝い
● 誕生祝金事業
・未来を担う子どもの誕生を祝って、出生時に本市に住民登録した子どもの保護者へ3万円の商品券贈呈
● 求職活動時の一時預かり無料
・子育て中の方が求職活動をする際に子どもの一時預かりが3時間まで無料
　預かり施設…ベビーハウス ばんびぃ、子育てシェアスペースOmusubi
上記3つの問い合わせ／
子ども家庭課 TEL0226-22-3429

子育てタウンミーティング

　気仙沼の子どもや子育て環境について市民と子育て支援団体、行政が意見交換・情報交換を行う「子育てタウンミーティング」を実施。子育てに関する課題などを共有し、「子育てしやすいまち」となることを目指す。
問／子ども家庭課 TEL0226-22-3429

けせんぬま子育てコレクティブインパクトプラットフォーム「コソダテノミカタ」

　子どもや子育てをサポートする団体、企業、行政が一緒に「子育てを育てたい」と願い活動している。民間と行政が連携しさまざまな取り組みを行なっている。
問／子ども家庭課 TEL0226-22-3429

ウェブサイト 　Instagram

市民や支援団体が参加した子育てタウンミーティング

子育て情報誌・子育てアプリ

・市の子育て情報をまとめた情報誌「ぽけっと」の発行
・アプリでは情報誌の電子書籍の閲覧のほか、子育てイベントなどの情報をプッシュ通知で受け取れる。ダウンロードはこちら
問／子ども家庭課 TEL0226-22-3429

Android版

iOS版

子育て世代包括支援センター「すこやか」

　安心して「生む・育む・見守る」ことができる環境づくりのために整備された施設。母子健康手帳・父子健康手帳の交付、相談支援や情報提供など、妊娠期から子育て期までのさまざまなニーズに対応し、ワンストップで切れ目のないサポートを行う。専門の支援員が対応している。
所在地・問／市民健康管理センター
　　　　「すこやか」内
　　　　TEL0226-29-6446

「すこやか」内には子どもと一緒に相談できるスペースを用意

子育て支援センター

　乳幼児親子の交流や情報交換、育児相談などができる。
・気仙沼子育て支援センター
　（気仙沼児童センター内）
　開館日時／火〜土曜10:00〜16:00
　　　　　（祝日、年末年始を除く）
　問／TEL0226-23-4648

・本吉子育て支援センター（津谷保育所内）
　開館日時／月〜金曜10:00〜16:00
　　　　　（祝日、年末年始を除く）
　問／TEL0226-42-2031

乳幼児親子の交流と情報交換の場

気仙沼児童センター・児童館

　0歳から18歳までの子どもとその保護者が気軽に遊んだり学んだりできる"みんなの居場所"。居住地にかかわらず利用可。
・気仙沼児童センター TEL0226-23-4648
　開館日時／火〜日曜9:00〜17:00
　　　　　（第2・4日曜、祝日、年末年始を除く）
・赤岩児童館 TEL0226-22-6879
・鹿折児童館 TEL0226-22-6877
・鮪立児童館 TEL0226-32-3189
・大島児童館（大島小内）
　TEL0226-28-2655
児童館開館日時／火〜土曜9:00〜17:00
　　　　　　　（祝日、年末年始を除く）

気仙沼市ファミリー・サポート・センター

　「子育ての手助けをしてほしい人」と「子育ての手助けをしたい人」が会員となり、信頼関係を築きながら地域ぐるみで子育てのサポートをする組織。会員登録料・年会費無料。アドバイザーが会員間の支援活動の調整を行い、活動を支援する。
問／気仙沼市ファミリー・サポート・センター
　（気仙沼児童センター内）
　TEL0226-23-4648

子育てほっとサロン

　子育て中のパパやママのために、お茶を飲みながら「ほっと」ひと息つける場所として開催。親同士で会話を楽しんだり、親子体操に取り組んだりするなど多彩な内容。
問／教委生涯学習課生涯学習係
　　TEL0226-22-3442

多彩な内容で行う、子育てほっとサロン

ワクワク子育てプログラム

　妊娠・出産・子育て期のパパ・ママを対象に、子育て世代の交流を促進し、安心して楽しく子育てができるよう以下のプログラムを実施している。
・子育て支援セミナー
・産後ママ交流会
・父親の育児参加促進事業
・おでかけ児童館　など
問／子ども家庭課育成支援係
　　TEL0226-22-3429
　　健康増進課健康増進係
　　TEL0226-21-1212

絵本の読み聞かせ

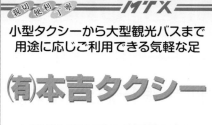

森 里 海 ひと いのちめぐるまち 南三陸

南三陸町

〒986-0725
南三陸町志津川字沼田101
TEL0226-46-2600
人 口／1万1799人
世帯数／4476世帯
面 積／163.4平方㌔
（2023年10月31日現在）

南三陸町を明るく元気にする
キャラクター
オクトパス君

南三陸町子育て世帯応援券 支給事業

子育て世帯における経済的負担の軽減を図ることを目的に、南三陸町子育て世帯応援券（商品券）を支給。

子育て世帯応援券は、南三陸商店会連合会が発行する商品券（1枚500円）で、町内の連合会加盟店舗で利用できる。

対象／①新たに出生した子ども（町内に住民票を置く子どもに限る）
②小学校入学予定児童（年齢満6歳に達した子ども、もしくは達する子ども）

応援券を受給できる人／対象児童の保護者

支給額／①子どもが生まれた時
●第1子……3万円分の応援券
●第2子……5万円分の応援券
●第3子以降…10万円分の応援券
②小学校入学予定児童
●一律……1万円分の応援券

受付／随時
支給回数／1回
申請手続き／
●子どもが生まれた時の申請
…役場窓口、歌津総合支所および保健福祉課（総合ケアセンター南三陸1階）に備え付けの申請書に必要事項を記入の上、添付書類を添えて提出する。
※添付書類…世帯全員分の住民票の写し
●小学校入学予定児童の申請
…小学校入学のお祝いとして支給するため、

対象者に別途通知する。
提出先・問／保健福祉課子育て支援係
（総合ケアセンター南三陸1階）
TEL0226-46-1402

子育て支援センター

町内3カ所に設置し、家庭で保育する乳幼児やその家族、妊婦を対象に受け入れているほか、各種イベントなどを開催している。子育て情報の提供や子育てで困っている母親の相談・悩みも受け付けている。利用の際は電話で予約を。

開／●地域子育て支援センター
月～金曜 10:00～12:00
　　　　 13:00～15:00
●戸倉地区子育て支援センター
月～火曜 10:00～12:00
　　　　 13:00～15:00
●歌津地区子育て支援センター
木～金曜 10:00～12:00
　　　　 13:00～15:00

サービス内容／
●育児相談
・電話相談…月～金曜10:00～17:00
・来所相談…あらかじめ電話で連絡を
（子どもを遊ばせながら支援センターの保育士が相談に対応する）
●おたのしみ会
夏祭り、クリスマス会など季節の行事で交流を深める。内容によっては、申し込みが必要。
●講習会
育児が楽しくなるお話会や、子育てに関する講座を実施している。
・親子体操教室
・歯科衛生士による講話

子育てしやすい町を目指して各種イベントを開催

・母親教室
・栄養士による離乳食相談
・保健師による子育て相談
●自主活動・サークル活動の支援
子育て支援センターを利用する母親らが主体となってつくりあげていく活動の手伝いを実施。母親が元気になれる活動の支援も行っている。
●子育て情報・お便りの発行
子育て支援センターだよりを定期的に発行。町広報紙や町ウェブサイトなどでも情報を提供している。
●一時預かり事業
2022年6月から地域子育て支援センターで一時預かり事業をスタートした。詳細は町の公式ウェブサイト内の「子育て支援センター」で確認を。
実施場所／地域子育て支援センター
対象／町に住所を有する1歳6カ月～就学前までの子ども
開／月～金曜9:00～12:00（午前の部）、13:00～16:00（午後の部）
料金／子ども1人につき「午前の部」と「午後の部」で各500円
所在地／南三陸町志津川字沼田14-3
（総合ケアセンター南三陸2階）
問／TEL0226-46-3042

県北エリア

子育て行政サービス

大崎市公式キャラクター
パタ崎さん
©2013 大崎市 #489

宝の都（くに）・大崎
〜ずっとおおさき・いつかはおおさき〜

大崎市

〒989-6188
大崎市古川七日町1-1
TEL0229-23-2111
人　口／12万4138人
世帯数／5万2981世帯
面　積／796.75平方㌔
（2023年10月1日現在）

【休日・夜間当番医】
●市WEBサイト内の「夜間急患センター・休日当番医」ページ（QR）を参照

出産育児ヘルプ養育支援事業

　安心して子どもを産み育てられる環境にするため、出産前後で日中に家族の支援が受けられず、家事や育児が困難な家庭に育児ヘルパーを派遣する。
　以下のサービスが受けられる。
家事…食事の準備・後片付け、掃除、生活必需品の買い物など
育児…授乳・おむつ交換・沐浴（もくよく）の介助、兄姉の遊び相手など
対象／日中に家族の支援が受けられず、家事や育児を行うことが困難な人
期間／母子健康手帳交付時〜子どもが満1歳になる日（誕生日の前日）
回数／サービス提供を受けられる期間中、20回40時間まで。1回のサービス提供時間は上限2時間。1日に2回（上限4時間）まで利用できる
料金／
生活保護受給世帯、市町村民税非課税世帯…無料
市町村民税均等割課税世帯…1時間300円
市町村民税所得割課税世帯…1時間600円
利用可能時間／各事業所に準ずる
申し込み／
●必要なもの
・出産育児ヘルプ養育支援事業利用申請書

・印鑑
・母子健康手帳
●受付場所
健康推進課母子保健担当
TEL0229-23-2215
松山総合支所市民福祉課
TEL0229-55-2114
三本木総合支所市民福祉課
TEL0229-52-2114
鹿島台総合支所市民福祉課
TEL0229-56-7114
岩出山総合支所市民福祉課
TEL0229-72-1212
鳴子総合支所市民福祉課
TEL0229-82-3131
田尻総合支所市民福祉課
TEL0229-38-1155
問／健康推進課母子保健担当
　　TEL0229-23-2215

子育て支援センター事業

　核家族化と少子化が進む中で、孤立したり、不安や負担を感じたりする子育て中の親とその家族が、安心して子育てができ、子どもが健やかに育つよう、育児支援を行う。
●事業内容
・子育て親子交流の場の提供と促進（自由来館、育児サークルなど）
・子育てなどに関する相談
・子育て関連情報の提供（通信発行など）
・子育ておよび子育てに関する講習会などの実施（育児講座など）
・地域支援活動の実施（親子交流・自主サークルの育成支援など）
※各子育て支援センターで内容が異なる場合がある

問／大崎市子育てわくわくランド
（大崎市子育て支援拠点施設内）
TEL0229-24-7778
松山子育て支援センター
（あおぞら園内）
TEL0229-55-2564
三本木子育て支援センター
（ひまわり園内）
TEL0229-52-2529
鹿島台子育て支援センター
（なかよし園内）
TEL0229-57-2273
岩出山子育て支援センター
（岩出山保育所内）
TEL0229-72-1255
鳴子子育て支援センター「ひかりの子」
（鳴子こども園内）
TEL0229-83-2153
田尻子育て支援センター
（すまいる園内）
TEL0229-38-2556

写真1

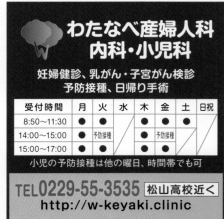

一時預かり事業

　家族の急病や冠婚葬祭、育児疲れの解消などの理由で、一時的に子どもを預けられるサービス。利用時は、直接各施設に確認を。
＜利用できる施設＞
●大崎市子育てわくわくランド
対象／生後6カ月〜就学前の健康な子ども
保育時間／9:00〜17:00（年末年始は休み）
保育料／1時間600円
　　　　（1時間以降30分ごとに300円）
　　　　※兄弟減免あり（2人目以降半額）
利用内容／登録制。主に短時間の預かり。利用時は子どもの健康保険証が必要
●岩出山保育所、松山あおぞら園、田尻すまいる園、三本木ひまわり園、鹿島台なかよし園、古川くりの木保育園
対象／生後6カ月〜就学前の健康な子ども
保育時間／8:00〜18:00
　　　　※延長あり。日曜、祝日および園長が別に定める日は休み
保育料／1時間300円、給食代500円
　　　　※兄弟減免あり
　　　　（2人目は半額、3人目以降無料）
利用内容／利用上限は週3日。ただし、保護者の傷病、災害・事故、出産、看護・介護、冠婚葬祭など社会的にやむを得ない事由により緊急・一時的に家庭保育が困難となる場合は2週間まで

写真2

問／大崎市子育てわくわくランド
　　TEL0229-24-7778
岩出山保育所 TEL0229-72-1250
松山あおぞら園 TEL0229-55-2562
田尻すまいる園 TEL0229-38-2555
三本木ひまわり園 TEL0229-52-2333
鹿島台なかよし園 TEL0229-57-2271
古川くりの木保育園 TEL0229-91-5075

大崎市子育てわくわくランド

　家庭で子育てをしている親とその子どもの居場所をつくり、全ての子育て中の家庭を支援するための施設。乳幼児の託児、子育てに関する情報提供や相談対応などを行う。親子で一緒に遊べるスペースもある。
　また、子育て支援センターとファミリー・サポート・センター事業の事務所も兼ねる。
開／年末年始を除く毎日 9:00〜17:00
＜利用できるサービス・施設＞
●つどいの広場（自由来館）
　子育て中の親とその子どもたちが交流できる集いの場所を提供。利用者登録が必要。
対象／就学前の子どもとその保護者
料金／無料
●子育てサポート保育事業（一時預かり）
　利用者の目的を問わず子どもを2、3時間程度預かる。（一時預かり事業参照）
●子育て関連情報の提供
　施設内で地域の子育て関連情報を提供。
●子育て相談
　子育てに関するさまざまな悩みや相談に対応。

●母子通園
　発達が気になる乳幼児が対象で、保護者と一緒に通園しながら集団保育を体験する。
問／大崎市子育てわくわくランド
　　TEL0229-24-7778

ファミリー・サポート・センター事業

　子育てを手伝ってほしい人と子育ての手伝いができる人が会員登録を行い、地域で子育てを行う仕組み。「用事があるので子どもを預かってほしい」など、困っている人、悩んでいる人が、センターから紹介される有償ボランティア会員に、一時的に子どもの保育を依頼できる。
対象／
●依頼会員（子育てを手伝ってほしい人）
市内に在住または勤務している人で、生後2カ月〜小学6年生の子どもがいる人
●提供会員（子育てを手伝いできる人）
①市内在住の20歳以上の人で、心身ともに健康で、預かる子どもに家族同様に接してあげられる人
②センターでの講習会（1日）に参加できる人
　※資格の有無は問わない
利用日時・料金／
月〜金曜7:00〜19:00…1時間600円
上記以外の時間および土・日曜、祝日、年末年始…1時間700円
問／ファミリー・サポート・センター
　　（大崎市子育てわくわくランド内）
　　TEL0229-22-3116

写真3

写真1〜3…「古川中央児童館」と「子育てわくわくランド」を合築し、2019年11月に大崎市子育て支援拠点施設「わいわいキッズ大崎」がオープン。従来の子育て支援サービスに加えて相談機能をより充実させ、就学前後の子どもが一緒に利用できる施設として誕生した
写真2…市のキャラクター「パタ崎さん」も登場　写真3…つどいの広場

心豊かな人材を育み、地域産業が発展し、にぎわいのある、生き生きとした暮らしができるまち

美里町

〒987-8602
美里町北浦字駒米13
TEL0229-33-2111
人　口／2万3229人
世帯数／9324世帯
面　積／74.99平方㌖
（2023年9月1日現在）

美里町公認キャラクター
みさとまちこちゃん

【休日・夜間当番医】
●町WEBサイト内の「休日急患診療医」ページ（QR）を参照

子育て支援センター

　町内2カ所にあり、親子で気軽に利用できる。「子育てアドバイザー」が常駐。各種相談にも対応している。
<内容>
●図書館司書による絵本の読み聞かせ会
●季節ごとの各種行事、毎月の誕生会
●町の保健師・栄養士による育児相談　など
開／月～土曜9:00～17:00
休／日曜、祝日、年末年始
問／小牛田子育て支援センター
　　（小牛田保育所と併設）
　　TEL0229-32-1877
　　南郷子育て支援センター
　　（なんごう幼稚園・保育園と併設）
　　TEL0229-58-0081

南郷子育て支援センター

小牛田子育て支援センター

一時預かり事業

　家庭の都合や保護者のリフレッシュなどの理由で保育を希望する場合、一時的に子どもを預かる事業を実施している。
<受け入れ施設>
なんごう保育園、食と森のこども園美里
対象／生後5カ月～就学前の子ども
　　　※なんごう保育園は子どもまたは保護者が町に住所を有する場合のみ利用可
保育日時／月～金曜8:00～16:00
　　　　　（祝日、年末年始を除く）
　　　　　※行事などで利用できない場合もあるため事前に問い合わせを
料金／
なんごう保育園
4時間以内…1000円、8時間以内…2000円
食と森のこども園美里
4時間以内…1200円、8時間以内…2400円
※特別な理由で時間を延長する場合はプラス300円
※食と森のこども園美里では希望者に園児と同じ給食を提供する（1歳6カ月から、300円）
申し込み・問／
なんごう保育園 TEL0229-58-1272
食と森のこども園美里 TEL0229-29-9761
※利用するには事前申請が必要。問い合わせは月～金曜8:30～17:15に受け付ける

ブックハロー

　本好きな子どもを育てることなどを目的に、健診時に絵本をプレゼントしている。
対象／1歳児

実施日時／1歳児育児相談時
場所／美里町健康福祉センターさるびあ館
問／小牛田図書館　TEL0229-33-3030
　　南郷図書館 TEL0229-58-1212

あつまれ3歳っこ

　幼児期から絵本に親しみ、図書館を楽しんでもらうための取り組み。楽しいお話会を実施するほか、仙台市出身の絵本作家とよたかずひこさんのイラスト入り特製利用者カード、特製利用者図書館バッグをプレゼントする。
対象／3歳児
実施日時／対象者に送る案内状に明記
場所／小牛田図書館（近代文学館1階）、南郷図書館（南郷庁舎1階）
問／小牛田図書館 TEL0229-33-3030
　　南郷図書館 TEL0229-58-1212

 北浦遊園

ユニークな形の滑り台

　就学前の子どもとその保護者が一緒に遊べる公園。ブランコ、滑り台、ジャングルジムなどがある。一番人気は、前後に揺れる動物がモチーフの遊具「ロッキンパッピー」。ぐるぐる回るスピンボードは2番目に人気。
※必ず保護者の目の届く範囲で一緒に遊ぶように
所在地／美里町北浦字二又下29

黄金花咲く交流の郷わくや
―自然・歴史を活かした健康輝くまち―

🅆 涌谷町

〒987-0192
涌谷町字新町裏153-2
TEL0229-43-2111
人　口／1万4676人
世帯数／5997世帯
面　積／82.16平方㌖
（2023年9月30日現在）

涌谷町観光PRキャラクター
桜部長
城山の金さん

【休日・夜間当番医】
●町WEBサイト内の
「休日当番医」ページ
（QR）を参照

子育て家庭を応援

●子育て支援ガイドブック
　妊娠・出産・子どもの成長に沿って、利用できるサービスや手続き、アドバイスなど子育て情報を分かりやすく掲載した子育て支援ガイドブック。
問／福祉課子育て支援室
　　TEL0229-25-7906

みんなで育てよう、わくやっ子。涌谷町の子育てに関することは「子育て支援ガイドブック」でチェック

電子書籍がダウンロードできる

●わくや地域子育て応援団
（ファミリー・サポート・センター事業）
　育児の援助を受けたい人と行いたい人が会員となり、お互いに信頼関係を築きながら子どもを預けたり・預かったり、子育てを地域で相互援助する手伝いをする組織。
＜お願いできること＞
塾や保育施設などへの送迎、一時的な預かり、家事の手伝い、相談・助言
＜利用料金＞

1時間600～700円
問／福祉課子育て支援室
　　TEL0229-25-7906
●乳幼児一時預かり事業
　パパやママに用事ができたとき、病院で受診・入院するとき、リフレッシュしたいときなど、一時的に保育所で子どもを預かる事業。
対象／保育所などに在籍していない生後6カ月から2歳までの健康な子ども
実施保育所／認定こども園 こどもの丘
　　　　　　涌谷町涌谷字中江南222
　　　　　　涌谷修紅幼稚舎
　　　　　　涌谷町字追廻町17
＜利用できる曜日・時間・料金＞

月～土曜 （祝日を 除く）	基本 時間	8:00～16:00	4時間まで 450円
			8時間まで 900円
	延長 時間	7:00～8:00	1時間当たり 150円
		16:00～18:30	

利用申請／福祉課子育て支援室
問／福祉課子育て支援室 TEL0229-25-7906

涌谷町子育て世代包括支援センター
「わくやっ子センター」

　妊娠期から子育て期にわたり、妊婦や父母、子どもに寄り添いながら、一緒に考え、切れ目のない子育て支援を継続するため、2020年10月に開設された。保健師や管理栄養士、歯科衛生士ら各種専門職員が、一人一人の子育てに関する悩みや困り事を聞き、一緒に考え、アドバイスや情報提供を行う。
相談日時／月～金曜（祝日、年末年始を除く）
　　　　　8:30～17:15
相談場所／健康課健康づくり班
　　　　　涌谷町子育て世代包括支援センター「わくやっ子センター」
問／健康課健康づくり班 TEL0229-25-7973

🎹 一緒に子育てを楽しもう

●子どもの丘子育て支援センター

おもちゃや絵本をたくさん用意

　子どもたちが自由に過ごせる広い空間、たくさんのおもちゃや絵本があり、伸び伸びと遊べる。親子で参加できるイベントも行っている。利用は予約不要。
問／TEL0229-87-5531
●さくらんぼこども園なかよしルーム

おもちゃや遊具で遊ぼう

　生後6カ月から入園前までの子どもとその家族で楽しめる。遊具で遊んだり、季節に合った制作も行ったりする。利用は予約制。
問／さくらんぼこども園
　　TEL0229-43-6681
●エプロンおばさんと遊ぼう広場
　子どもたちの自由遊びや、参加者同士の交流・懇談の場となっている。木曜開催。
問／社会福祉協議会 TEL0229-43-6661
●のんのん教室
　3歳未満児を対象とした遊びが中心の活動の場。箟岳公民館で月1回開催。
問／生涯学習課生涯学習班
　　TEL0229-43-3001

涌谷町立史料館

公園内は、歩道が舗装されたほか、ベンチや東屋も整備され、親子連れの散歩などにも適しています。

遠田郡涌谷町涌谷字下町3-2
TEL0229-42-3327
（12～3月 TEL0229-43-3001）
開館時間／4～11月　9時から16時
　　　　　（入館は15時30分まで）
休館日／水曜日（祝日の場合は翌日）
一般・大学生／300円（250円）
高校生・小・中学生／100円（50円）
（）内は20名以上の団体料金です。

涌谷町 釣り公園

●釣り公園の所在地／涌谷町太田字銀魚巻
●問い合わせ先／涌谷町観光物産協会（役場まちづくり推進課内）
　TEL0229-43-2119
●釣り公園を利用するには／釣り公園で釣りを楽しむには、涌谷町観光物産協会が発行している「釣り入釣章（釣りバッジ）」を購入してください。
●釣りバッジの発行場所／涌谷町観光物産協会
　　　　　　　　　　　（役場まちづくり推進課内）
　　　　　　　　　　　TEL0229-43-2119
●釣りバッジの料金／2,000円（税込み）
●釣りバッジの有効期限／12月1日から翌年11月30日まで
　　　　　　　　　　　（1年間）

追戸横穴歴史公園

　箟岳丘陵南側の崖に造られた大規模な横穴墓群です。
　7世紀の終わり頃から8世紀を中心につくられた豪族のお墓で、火山灰が積もってできた凝灰岩と呼ばれる岩盤に穴を掘って、お墓としたものです。

問／涌谷町教育委員会生涯学習課
　　遠田郡涌谷町字下道69番地1
　　TEL0229-43-3001

子育て支援の充実
健やかで笑顔あふれるまち

加美町

〒981-4292
加美町字西田3-5
TEL0229-63-3111
人　口／2万1527人
世帯数／8273世帯
面　積／460.67平方㌔。
（2023年9月30日現在）

加美町公認キャラクター
かみ〜ご

【休日・夜間当番医】
●町WEBサイト内の「休日当番医」ページ（QR）を参照

産前産後サポート事業「加美こっこ教室」

　出産に関することや、産後の母体のケアおよび赤ちゃんのお世話などについて助産師、保健師、栄養士がアドバイスし、出産、育児に関する不安の軽減を図る。
対象／妊娠中の方および産後4カ月ごろまでの母子
内容／産前産後の母体のケア、出産の準備について、赤ちゃんマッサージ、妊娠期・産後の食事のポイントなど
※予約制（産前、産後各先着5人程度）
問／保健福祉課健康推進係
　　TEL0229-63-7871

子育て応援出産祝金

　子どもが生まれた家庭を応援するため支給。
対象／出生児の父親または母親で、町内に引き続き1年以上住所を有する人
支給額／第1子、第2子は2万円分の商品券、第3子以降は5万円分の商品券と現金5万円
　　　　※支給方法は制度改正などで変更となる場合がある
申請方法／
出生届け時に「加美町子育て応援出産祝金支給申請書」を各支所窓口または子育て支援室へ提出する。商品券は、送付される通知書および受領書を持って各地区商工会で受け取る。第3子以降に支給される現金は、指定した口座に振り込まれる
申請に必要なもの／
印鑑、第3子以降出生の場合は振込先が確認できる通帳など
問／子育て支援室 TEL0229-63-7870

子育て支援センター事業

対象／0歳〜就学前の子どもとその保護者
内容／絵本やままごと、季節ごとの制作活動、さまざまな遊具を使った遊び、食育講話や調理実習を通しての試食、健康講話、季節に応じた行事の体験、合同交流会、育児に関する悩みや相談対応など
利用方法／申し込み不要。初めて利用する場合は事前に電話で連絡を
問／
中新田子育て支援センターひなたぼっこ
TEL080-1652-6293、TEL0229-64-2555
※2024年4月から「NOVAバイリンガル加美中新田保育園」となるが、継続して子育て支援センターを実施する
小野田地区子育て支援広場
はっぴいぽけっと
TEL0229-67-2178
宮崎地区子育て支援広場げんきっこ
TEL0229-69-6535

活動の様子

一時預かり保育

　保護者の仕事、傷病、災害、事故、介護、看護、出産などに伴い緊急・一時的に保育が必要とされる子どもを預かる。
対象／保育所、認定こども園、幼稚園に在籍していない満6カ月〜就学前の子ども
　　　※継続して利用する場合は週3日以内または月100時間以内、連続して利用する場合は最大2週間
実施日時／月〜土曜9:00〜17:00
　　　　　（祝日、年末年始を除く各施設の開所日）
料金／半日（4時間まで）…1500円
　　　1日（4時間以上）…3000円
　　　※帰宅時に現金で支払う
定員／1日の実施定員は3人。希望者が多いと受け入れができない場合がある
申し込み／希望施設に事前に電話で相談の上、申請する
受け入れ施設・問／
中新田保育所 TEL0229-64-2555
※2024年4月以降は要相談
おのだひがし園保育園部 TEL0229-67-2178
おのだにし園保育園部 TEL0229-67-2317
みやざき園保育園部 TEL0229-69-5032

木育広場

　未就学児とその保護者が気軽に集い遊べる。
対象／0歳〜就学前の子どもとその保護者
場所／加美町まちづくりセンター2階
　　　（加美町宮崎字町38-1）
利用時間／9:00〜16:00
問／月〜金曜
加美商工会宮崎支所
TEL0229-69-5120
土・日曜、祝日
みやざき どどんこ館
TEL0229-69-5500
木の温かみある木育広場

かっぱのふるさと

色麻町

〒981-4122
色麻町四竃字北谷地41
TEL0229-65-2111
人　口／6290人
世帯数／2092世帯
面　積／109.28平方㌖
(2023年10月31日現在)

【休日・夜間当番医】

● 町WEBサイト内の「休日当番医」ページ(QR)を参照

児童センター

　18歳までの子どもの遊び場として開放。子育て家庭に対する支援のほか、学童期を対象とした夏休みのイベントなどを開催。
開／月～金曜9:00～12:00、13:00～16:00
休／土・日曜、祝日、年末年始
問／TEL0229-66-1700

子育て支援センター

　児童センターに併設し、子育て家庭に対する支援活動の企画・調整を行う担当職員を配置。育児に関する相談や子育てサークルなどへの支援を行うほか、地域の保育ニーズに応じた関係機関との連携を図り、地域全体で子育てを支援する基盤を形成することで総合的な育児支援を図っている。
<事業内容>
●子育てホットダイヤル
　子育てに関するさまざまな相談に対応する。
TEL0229-66-1718 (月～金曜9:00～16:00)
●なかよしキッズサロン
　会員制。親子で楽しめる手遊びやゲームといった遊びの場、子育てに関する情報交換の場、リラックスできる場を提供している。
活動日時／火・木曜10:00～11:00
対象／0歳～未就学児

●アトリエサロン
　会員同士が気軽に集い、興味のあることを互いに教え合いながらリフレッシュできる場を提供している。
●特別保育事業
　子育てに関する講座や季節に応じたイベントを実施。詳細は町の広報紙や会員向けのお便り「おひさま通信」に掲載する。
問／子育て支援センター TEL0229-66-1718

乳幼児・児童医療費助成

　乳幼児および児童の適正な医療の受診機会の確保と、子育て家庭における経済的負担の軽減を図るため、医療機関で健康保険証が適用される診療を受けた際の自己負担分を助成する。助成を受けるには登録申請が必要。保護者の所得による制限がない。
対象／町内に住所を有する18歳到達年度末までの子ども
問／町民生活課 TEL0229-65-2156

子育て支援出産祝金

　子どもが生まれた家庭を支援するために支給。対象者には出生届出時に案内する。
対象／子どもが生まれる1年前から町内に住所を有し、出生後も引き続き6カ月以上住所を有する父親または母親

支給額／第2子5万円、第3子以降10万円
問／子育て支援室 TEL0229-66-1700

認定こども園各種事業

　2024年4月1日開園予定の幼保連携型認定こども園「わくわくゆめの樹こども園」で、地域子育て支援事業を実施する予定。
<事業内容>
●子育て支援センター事業
　子育て家庭に対する支援活動を行う。
●一時預かり事業
　保護者の就労、傷病、災害、事故、介護、看護、出産などに伴い緊急・一時的に家庭での保育が困難で保育が必要とされる子どもを預かる。
●延長保育事業
　認定こども園在園児に対して、保育時間を延長して保育を行う。
●病後児保育事業
　風邪などの病気が落ち着いてきている子どもに対して、家庭で保育が難しい場合に保護者に代わって保育士や看護師が保育や看病を行う。
問／社会福祉法人みらい
　　TEL022-359-5655

足形アートに挑戦

楽しいハロウィーン
パーティー

サンタさんからプレゼント

市民が創る くらしたい栗原

栗原市

〒987-2293
栗原市築館薬師1-7-1
TEL0228-22-1122
人　口／6万2083人
世帯数／2万4841世帯
面　積／804.97平方㌔
（2023年10月31日現在）

栗原市

栗原市マスコットキャラクター
ねじり ほんにょ

【休日・夜間当番医】
●市WEBサイト内の「休日当番医・市の医療」ページ（QR）を参照

子ども家庭支援員訪問事業

　子育てに関する不安や悩みを抱える家庭に子ども家庭支援員を派遣し、育児や家事をサポートする。また、子育てに関する悩みなどの傾聴を行う。
対応日時／月～金曜9:30～16:00の週1・2回
　　　　　（1回当たり2時間まで）
対象／18歳未満の子ども、または妊婦のいる家庭で下記に該当する場合
・核家族などで子育ての不安や孤立感を抱える家庭
・出産後の母子や未熟児、多胎児などを抱える家庭
・障がい児などを抱える家庭
・そのほか、子育ての支援が必要な家庭
支援内容／
・子どもの世話や家事を親と一緒に行う
・子どもとの用事や買い物、受診などに同行
・出産や子育てなどに関する悩みの傾聴
利用料／無料
問／子育て支援課 TEL0228-22-2360

すこやか子育て支援金

　子育て世代の保護者の経済的な負担を軽減し、次代を担う子どもたちが心身ともに健やかに育つことができるように「出生祝金」や「入学祝金」を支給する。
<種類と対象>
●出生祝金…子どもが生まれた日の6カ月以上前から保護者が市内に住民登録し、子どもも市内に住民登録している場合に（現に養育している子の数で）保護者へ支給する
金額／1人の子を養育……… 5万円
　　　2人の子を養育……… 5万円
　　　3人の子を養育……… 5万円
　　　4人の子を養育………10万円
　　　5人以上の子を養育…20万円
●入学祝金…第3子以降の子どもが小学校に入学する場合、入学する年度の4月1日前に、6カ月以上市内に居住していて、入学時に子どもが市内に住民登録している保護者へ支給する
金額／10万円
問／子育て支援課 TEL0228-22-2360

小学校入学支援事業

　少子化対策の推進および子育て家庭などにおける教育に係る経済的負担の軽減を図るため、第3子以降の子どもの小学校入学に伴い購入した学用品などの経費の一部を助成する。
対象者／
市内に住所を有し、監護する第3子以降の子どもが5月1日現在において小学校や支援学校の1年生に在籍している保護者
※子どもが児童福祉法に定める里親に委託されている場合、小規模居住型児童養育事業を利用している場合、障害児入所施設などに入所している場合も、該当になることがある
助成内容／1人につき3万円を上限として交付する

対象となる物品／
・学用品（文房具、学習教材、体操着、水着など）
・通学用品（かばん、靴、傘、雨がっぱ、防寒着、帽子など）
※学用品などは、入学する前年度の5月1日から入学した年度の11月30日までに購入した物が補助の対象となる
問／子育て支援課 TEL0228-22-2360

子育て支援センター

子育て支援センターの様子

　家庭で子育てをしている人が利用できる。遊びや行事を通した利用者同士のコミュニケーションを図り、子育てに関する情報の提供や育児に関する相談・指導を行う。
利用方法／申し込み不要（行事によって事前の申し込みが必要となる場合あり）
利用日時／花山地区以外は月～金曜9:00～17:00、花山地区は第2・4木曜9:30～11:30
利用料／無料（行事によって参加費などの実費が発生する場合あり）

行事内容／毎月1日発行の「広報くりはら」や
市ウェブサイト内「イベント・募
集・相談」のページに掲載
●築館地区「築館子育て支援センター」
所在地／栗原市築館伊豆1-5-1
実施場所／築館保育所
TEL0228-22-9752
●若柳地区「若柳子育て支援センター」
所在地／栗原市若柳字川北塚原104-1
実施場所／若柳認定こども園
TEL0228-32-3243
●栗駒地区「栗駒子育て支援センター」
所在地／栗原市栗駒岩ケ崎上町裏207-1
実施場所／栗駒保育所
TEL0228-45-5581
●高清水地区「高清水子育て支援センター」
所在地／栗原市高清水佐野丁32
実施場所／高清水保育所
TEL0228-58-2350
●一迫地区「一迫子育て支援センター」
所在地／栗原市一迫真坂字新道満65
実施場所／一迫保育所
TEL0228-52-3925
●瀬峰地区「瀬峰子育て支援センター」
所在地／栗原市瀬峰清水山26-1
実施場所／瀬峰保育所
TEL0228-38-2250
●鶯沢地区「鶯沢子育て支援センター」
所在地／栗原市鶯沢南郷広面27
実施場所／鶯沢保育所
TEL0228-55-3178
●金成地区「金成子育て支援センター」
所在地／栗原市金成沢辺町沖164
実施場所／金成保育所
TEL0228-42-3251
●志波姫地区「志波姫子育て支援センター」
所在地／栗原市志波姫新沼崎156
実施場所／志波姫保育所
TEL0228-22-8611
●花山地区「花山子育て支援センター」
所在地／栗原市花山字本沢北ノ前77
実施場所／花山農山村交流センター
　　　　　（ふるさと交流館）
TEL0228-52-3925（一迫子育て支援セン
ター内）

子育て支援アプリ「スマイル栗なび！」

「子育ては栗原市で」をスローガンに安心
して妊娠、出産、子育てのできる環境づくり
を進め、子育て世代を応援するツールとして、
子育て支援アプリを導入している。
主な機能／
＜栗原市の各種制度・サービスの案内＞
●子育て応援医療費助成制度・児童手当な
ど、妊娠・育児時期に合った各種補助制度
の情報や手続き方法の案内など
＜記録・管理＞
●妊娠中の体調・体重記録
●胎児や子どもの成長記録
●予防接種／標準接種日の自動表示、接種
　　　　　予定・実績管理、受け忘れ防止
　　　　　アラート
●健診情報／妊婦や子どもの健康診断デー
　　　　　タを記録
＜情報提供・アドバイス＞
●出産・育児に関する基礎情報
●沐浴（もくよく）や離乳食の作り方などの動画
＜データ共有＞
●子どもの成長記録や健康データを、家族の
スマートフォンなどでも閲覧可
問／子育て支援課 TEL0228-22-2360

アプリのアイコン

妊娠から出産までをフルサポート

子育て応援医療費助成事業

0歳から18歳到達後最初の3月31日までの
子どもの、入院および通院の医療費全額を
助成する制度。保護者の所得による制限は
ない。
対象／
・市内に住所がある子ども
・市内に住所がある保護者に監護されてい
　て、他市町村に住所がある子ども
※次のいずれかに該当する場合は、助成の対
　象外
・生活保護を受けている人
・他市町村の医療費助成制度の対象者
・16歳以上の子どもが婚姻している場合。
　過去に婚姻していた場合も含む
問／子育て支援課
　　TEL0228-22-2360

スマイル子育てサポート券（赤ちゃん用品支給事業）

子育て家庭などの経済的負担軽減を図る
ため、1歳未満の子どもを養育する保護者を
対象に、育児用品の購入に使用できるスマイ
ル子育てサポート券（市内の取扱指定店での
み使用可能）を交付する。
対象者／
市内に住所を有し、満1歳未満の子どもと同
居し、かつ監護する保護者
※出生後に転入した場合も助成対象
助成内容／
子どもが生まれた月（転入者の場合は転入
月）の翌月から満1歳に達する月まで、1枚当
たり5000円の「スマイル子育てサポート券」
を最大12枚交付する
対象品目／
おむつ、粉ミルク、離乳食などの乳児用食
品、清拭剤（せいしき）、哺乳瓶および哺乳瓶乳首、哺
乳瓶消毒薬、歯ブラシ、ベビーローション、
ベビーパウダー、せっけん、シャンプー、沐浴
剤、衣類用の洗剤および柔軟剤、肌着などの
衣類
問／子育て支援課
　　TEL0228-22-2360

あふれる笑顔 豊かな自然 住みたいまちとめ

登米市

〒987-0511
登米市迫町佐沼字中江2-6-1
TEL0220-22-2111
人　口／7万3646人
世帯数／2万7225世帯
面　積／536.12平方㌖。
（2023年9月30日現在）

登米市観光PRキャラクター
はっとン

【休日・夜間当番医】
●市WEBサイト内の「夜間・休日の急病（休日当番医など）」ページ（QR）を参照

子育て家庭を応援

　市WEBサイト内の「子ども・子育て支援事業等（検索方法）」ページ（QR）で、妊娠期から子育て期にわたって必要な情報を年齢別・目的別に検索し、閲覧できる。

児童館

　集団遊びや個別遊びを通して、子どもたちの健やかな成長を図り情操を豊かにするための施設。
利用できる人／
18歳未満の子どもとその保護者（市外在住者も可）
提供するサービス／
児童の遊びの場を提供するとともに、各種子育て支援事業を実施。内容は施設ごとに異なるため、各児童館に直接問い合わせを
利用方法／時間内であれば自由に利用可能。
　また、事前申し込みが必要な子育て支援事業もあるため、各児童館に直接問い合わせを
開／月～土曜8:30～17:00
休／日曜、祝日、年末年始（12月29日～1月3日）

児童館（公立）一覧／
●迫児童館 TEL0220-22-2524
●登米児童館 TEL0220-52-2246
●中田児童館 TEL0220-35-2525
●米山児童館 TEL0220-55-2313

子育て支援センター

　育児相談、育児情報の提供といった子育て支援事業を実施する施設。
利用できる人／
主に0歳～就学前の子どもとその保護者（市外在住者も可）
提供するサービス／
育児相談、育児に関する情報提供などの子育て支援事業
利用方法／時間内であれば自由に利用可能。
　各種サービスなどを利用したい人は事前に各施設へ問い合わせを

開・休／各施設で異なるため直接問い合わせを
子育て支援センター（公立）一覧／
●迫子育て支援センター
（迫児童館内）
TEL0220-22-2524
●中田子育て支援センター
（中田児童館内）
TEL0220-35-2525
●豊里子育て支援センター
（豊里こども園内）
TEL0225-25-7545
●米山子育て支援センター
（米山児童館内）
TEL0220-55-2313
●南方子育て支援センター
（南方子育てサポートセンター内）
TEL0220-58-5558

南方子育てサポートセンターや各子育て支援センターでは親子で楽しめるイベントを実施（写真1〜3）

写真1

写真2
写真3

こんにちは赤ちゃんサロン わくわくマタニティサロン

妊娠中のこと、出産のこと、育児のことについて、みんなでゆっくり話せる場。助産師や保健師ら専門スタッフから、妊娠中の過ごし方から母乳のあれこれまでいろいろな話が聞ける。実施する場所や日時は市ウェブサイトで確認を。
対象／市内在住の妊婦、1歳ぐらいまでの乳幼児の母親とその家族
持ち物／母子健康手帳、筆記用具
申し込み方法／
開催日の前日まで、下記へ電話で
●こんにちは赤ちゃんサロン
問／南方子育てサポートセンター
　　TEL0220-58-5558
●わくわくマタニティサロン
問／市民生活部健康推進課
　　TEL0220-58-2116

登米市誕生祝金

子どもの健やかな成長とその家族の幸せを願って、子どもの誕生に対し祝い金を贈呈している。
受給資格者／
市内に出生日の3カ月以上前から引き続き住所があり、対象児を養育する父母
支給金額／第1子…3万円
　　　　　第2子…5万円
　　　　　第3子以降…10万円
対象／出生した日から市内に住所のある子ども

受給方法／
総合支所市民課窓口で申請手続きをする。後日審査結果が通知され、指定した口座に振り込まれる
問／福祉事務所子育て支援課
　　TEL0220-58-5562

ファミリー・サポート・センター事業

子育ての手助けを受けたい人（利用会員）と子育てを手伝いたい人（協力会員）がそれぞれ会員登録（無料）し、相互の信頼関係の下に子どもを預けたり預かったりする、地域ぐるみの子育て支援を有料で行う事業。
次のようなときに利用できる（理由は原則問わない）。
・家族が仕事や用事のため、子どもの面倒を見たり送迎したりすることができないとき
・仕事や私用があるとき
・リフレッシュしたいとき　など
援助内容／
・保育所、幼稚園、放課後児童クラブ終了後の子どもの預かりや送迎
・幼稚園や小学校の夏休みなど、長期休暇時の子どもの預かり
・保護者や兄弟の通院といった急な予定が入った場合の預かり
・冠婚葬祭や兄弟の学校行事の際の子どもの預かり
・妊産婦の家事支援
会員になれる人／
●利用会員
・市内に在住または勤務しているおおむね生

後2カ月〜小学生の子どもがいる人
・出産予定日のおおむね1カ月前〜出産後3カ月の妊産婦
●協力会員
市内在住の、心身ともに健康な20歳以上の人で、自宅のほか、児童館や子育て支援センターなどの施設、子どもの安全が確保できる場所で子どもを預かることができる人（市主催の講習会の受講が必須。保育士などの有資格者は講習が免除される場合がある）
利用の流れ／
①利用会員が登米市ファミリー・サポート・センター事務局に連絡する
②登米市ファミリー・サポート・センター事務局のアドバイザーが保育サービスを行える協力会員を調整し、利用会員に連絡する
③利用会員と協力会員が必要な保育サービスの内容や実費負担の確認を行う
④保育サービスが行われ、利用会員から協力会員に直接報酬を支払う
＜利用日時・料金＞

利用日時	1時間当たり	以降30分ごと
月〜金曜7:00〜19:00	600円	300円
土・日曜、祝日、年末年始、上記以外の時間	700円	350円

問／事務局（南方子育てサポートセンター内）
　　TEL0220-58-5558
※各子育て支援センターでも受け付ける

育なび みやぎ 2024

いく

2023年12月31日発行　定価550円（本体500円＋税10%）

宮城県、各市町村、関係各団体など、
多くの皆さまにご協力いただきました。
深く感謝申し上げます。

■発　　　行　河北新報出版センター
　　　　　　　宮城県仙台市青葉区五橋1-2-28
　　　　　　　TEL022-214-3811
　　　　　　　FAX022-227-7666
■企画構成　株式会社GAC
　　　　　　　株式会社アドコーポレーション
　　　　　　　TEL022-266-3031
　　　　　　　FAX022-266-2806
■編集制作　株式会社クリエイティヴエーシー
　　　　　　　TEL022-721-6051

■SALES&PROMOTION
　加藤健一　大平康弘　鈴木美由喜　東海林峻
　菊地貴史　高橋哲　高橋正考　中嶋芽衣
　和泉英夫　木村一豊　高谷吉泰　佐藤春哉
　浅野広美　井上ありす　梅津美樹
　小島由子　菅原佳子　吉成麻実

■EDITOR
　平井頼義　宇都宮梨絵　菊地史恵　佐々木映子
　佐藤友希　田中奈美江　及川真紀子

■DESIGNER
　阿部伸洋　菅澤まりこ　仙石結
　蛭田和佳奈　森田真礼　渡辺洋